AF383801

# HISTOIRE

## ANCIENNE,

OU

## PREMIÈRE PARTIE

DE

## L'HISTOIRE

DES

## HOMMES.

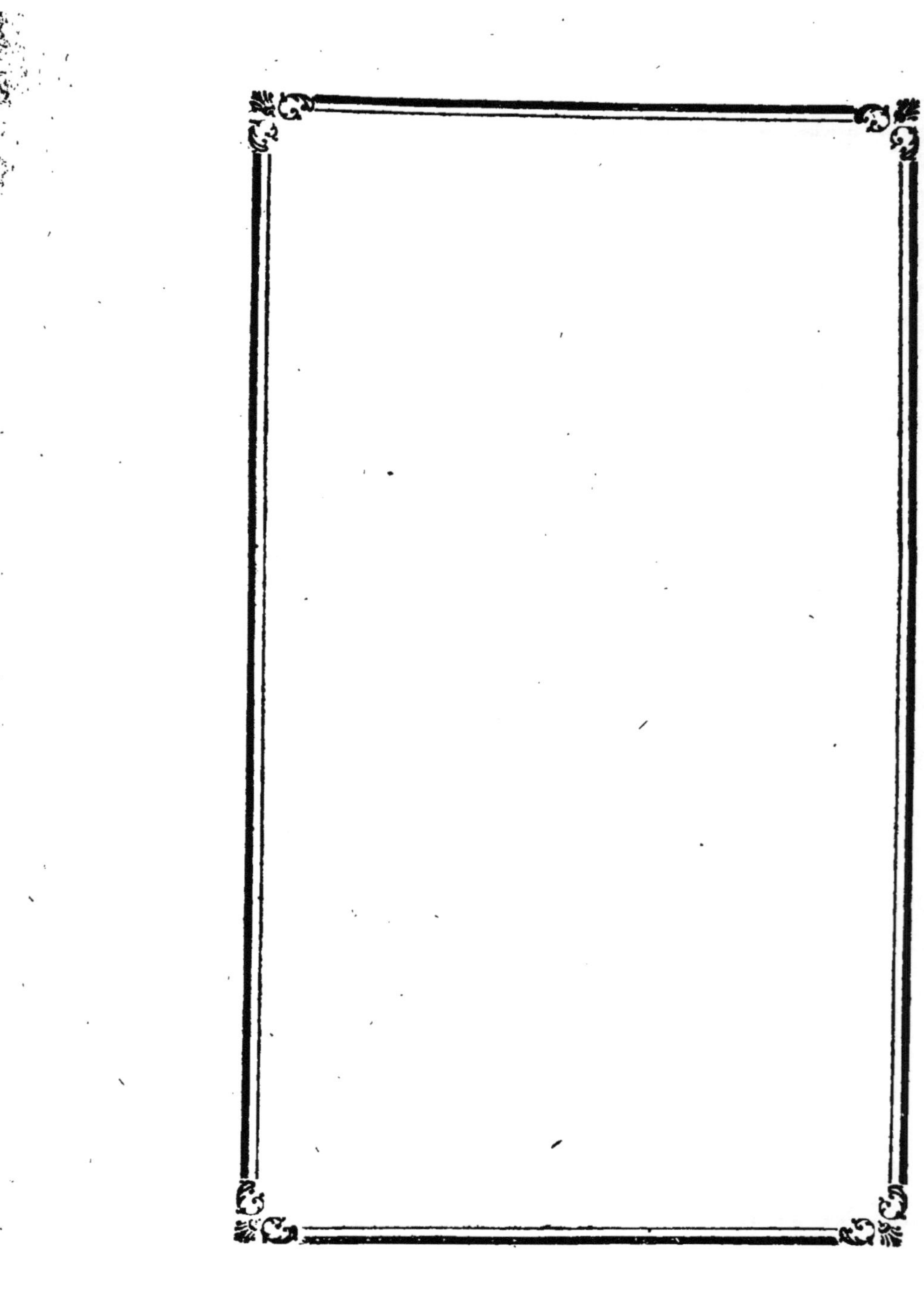

# HISTOIRE

## DES

# HOMMES,

## OU

# HISTOIRE

### *NOUVELLE*

## DE TOUS LES PEUPLES

## DU MONDE,

### PARTIE DE L'HISTOIRE ANCIENNE.

### TOME XIII.

### *A PARIS,*

### M. DCC. LXXXII.

*Avec Approbation, & Privilége du Roi.*

# VUES PHILOSOPHIQUES

## SUR LE GLOBE

## ET LES HOMMES,

*Pour servir d'introduction a l'Histoire de la Grèce.*

Les ruines du Monde primitif ont depuis long-tems disparu ; depuis long-tems nous marchons au travers des monumens réguliers d'un monde qui se renouvelle, & nous touchons à l'époque où ces monumens tracés d'après les combinaisons sublimes du beau idéal avec le beau de la nature, serviront à poser les limites invariables de l'art, & à montrer aux fiècles étonnés le point de perfection où l'efprit humain peut atteindre.

Abandonnons ici un moment les pinceaux de l'Hiftoire, & prenons ceux de la Philofophie, plus faits pour deffiner en grand & le Globe & les Hommes.

Pour apprécier tout ce que l'ef-prit humain doit à la Grèce, il faut favoir de quel point elle eft partie, quelles font les routes qu'elle s'eft frayées, & par conféquent fi elle a imprimé un caractère frap-pant d'originalité à fes ouvrages.

Ce plan fuppofe un retour fur les âges qui ont précédé le plus beau dont la raifon s'honore. Alors les nations primitives paraîtront en regard avec les Grecs, & le tableau du monde entier ne fervira que d'introduction au siècle d'Alexandre.

Les premiers peuples connus par les monumens ne paraissent que d'hier sur la scène, tant le sol que nous habitons a éprouvé de révolutions physiques ! tant la vanité des nations qui se sont dites autochtones, a entassé de nuages autour des époques qui précédèrent l'origine de leurs Monarchies !

Quand l'histoire se tait sur les peuples primitifs, il ne reste d'autre ressource à la raison, que de consulter l'architecture du globe. Les pas graduels du tems empreints sur la surface de ce globe, marquent aux yeux du Philosophe, les époques antiques, quand le genre humain n'a point de chronologie.

Et ce n'est pas un des moindres

services rendus par les Historiens des Hommes à la raison, que d'avoir lié, par une chaîne philosophique, l'histoire des empires avec celle de la nature, de manière qu'elles se prêtent un appui mutuel, & que dans le silence de l'une, l'autre puisse être interrogée, pour qu'il n'y ait aucun vuide dans les annales du genre humain (a).

(a) Nous répétons ici, pour la dernière fois, que nos recherches sur la théorie du globe, sur la retraite des mers & sur le développement du monde primitif, ne tendent point à infirmer la cosmogonie du Pantateuque, livre qui est la source la plus pure de la croyance humaine, & dont l'autorité est trop supérieure, pour que la raison se permette de la peser dans ses balances. Au reste, on sait que Moyse a gardé le plus profond silence sur l'histoire antédiluvienne. Il ne s'est occupé que de la postérité en ligne directe du premier homme, & il

Quand un des plus abſurdes Deſpotes qui ait déshonoré les trônes de l'Aſie, détruiſit dans le vaſte empire de la Chine, tous les monumens littéraires, le Sage, quelques générations après, embarraſſé à trouver un fil dans ce dédale de faits contredits ou à demi oubliés, crut avoir reſſuſcité les annales de ſa patrie, en appuyant des traditions orales ſur l'obſervation des phénomènes céleſtes; mais cette méthode n'était pas aſſez ſûre pour garantir l'authenticité d'une hiſtoire primitive. Un Lettré Chinois pouvait n'avoir aucun intérêt à tromper ſur la poſition reſpective des planètes à différentes époques; mais il pouvait en avoir beaucoup à en impo-

---

a abandonné à nos Recherches toutes les branches collatérales.

fer fur la durée de fes dynafties &
fur l'établiffement des fectes de Foë
& de Laokium. L'hiftoire du ciel
n'eft point liée effentiellement avec
celle de la terre, & la certitude des
faits humains ne dépend pas du
calcul des éclipfes.

Il n'en eft pas de même des
confidérations philofophiques fur la
ftructure du globe ; elles s'enchaînent naturellement avec l'hiftoire
des hommes qui l'habitent. Une
chaleur douce fur la furface de la
terre, une férénité conftante dans
l'atmofphère, une température de
climat qui permet aux fucs générateurs de fe développer, font juger
quelle a dû être la patrie des hommes primitifs. A cet égard la phyfique a autant d'autorité que Sanchoniaton & Diodore.

La retraite graduée de l'Océan, jette encore plus de lumières sur les tems inaccessibles à l'histoire; l'Observateur attentif lit sur ces rocs décharnés qui terminent les hautes montagnes de l'Asie, l'âge des premières Monarchies de l'Orient. Il suit à la trace des eaux qui s'abbaissent, les colonies qui se répandent sur la surface du globe; il voit les antiques législateurs dessécher de vastes marais, creuser un lit aux fleuves, se créer une patrie au milieu des fanges & des bêtes féroces, & mériter, par ces services rendus au genre humain, les honneurs de l'apothéose.

La théorie de ce globe élevant lentement sa tête circonscrite, au-dessus de l'Océan, sert encore à nous guider dans la nuit de l'ancienne géographie. On voit que notre continent ne peut être desfiné aujourd'hui, comme il l'était il y a cinquante fiècles ; on foupçonne alors que les plans levés par les Anciens, peuvent n'être pas infidèles, quoi qu'ils ne s'accordent pas avec ceux de nos Artiftes, & on ne fait pas le procès à la mémoire des Strabon, des Méla & des Ptolémée, parce que le monde qu'ils décrivent n'eft pas celui de nos Buache & de nos Danville.

Arrêtons-nous un moment fur cette dernière confidération, parce que la lumière qui en réfulte fervira à éclairer le berceau de la Grèce naiffante, & par contre-coup à juftifier les principes qui fervent de bafe à l'Hiftoire des Hommes.

Les Anciens adoptant fans défiance les vieilles fables facerdotales des nations, ont femé de contes ftériles, je le fais, le beau champ de l'hiftoire ; mais accoutumés à voir par leurs yeux & non par les livres, les pays qu'ils voulaient faire connaître, ils n'ont pu avoir une géographie erronée. Cependant les Modernes qui, d'après leurs idées étroites & pufillanimes ont voulu les juger, ont précifément adopté de leurs écrits ce qu'ils devaient rejetter, & rejetté ce qu'ils devaient adopter. Ils ont accufé d'impofture nos maîtres en hiftoire, parce que la furface de leur globe n'a pas les divifions de nos Géographes, & ils ont tranfcrit dans d'énormes compilations, qu'heureufement on oublie, tous les contes

religieux qu'ils tenaient des impof-
teurs facrés de Memphis & de Babylone.

Affurément Berofe , Sanchoniaton & les premiers Hiftoriens
qui ont fervi de guides aux Polybe
& aux Diodore , ne font point
coupables d'avoir décrit leur globe
& non le nôtre. A ces époques
reculées , l'Afrique avait des villes
floriffantes , où nous ne voyons que
des déferts de fable ; le mouvement des mers d'Orient en Occident ne leur avait pas fait engloutir l'extrémité de l'Afie dans une
profondeur de 500 lieues ; l'Europe
cachée en grande partie fous les
eaux , ne formait qu'un immenfe
Archipel , & l'Amérique n'exiftait
que par la chaîne des Cordillières.

Comment les Anciens auraient-

ils méconnu l'ancien continent ,
puifque leurs Philofophes enfei-
gnaient que l'Océan l'environnait ,
puifque leurs Navigateurs en avaient
eux-mêmes fait le tour , puifque
grace à la démence glorieufe des
conquêtes , il n'y avait pas de points
fur fa furface que leurs héros n'euffent dévafté !

On contefte l'authenticité du Pé-
riple de Hannon , de la digreffion
du Timée fur l'Atlantide , des fragmens de Ctéfias ; mais veut-on que
les villes fubalternes dont il eft
parlé dans ces monumens précieux,
fubfiftent encore ? Ninive , Ecba-
tane , Memphis & toutes les métropoles des premiers empires de
l'Orient ont bien difparu ; on y
cherche envain la trace de ces fuperbes édifices qui écrasèrent pen-

dant tant de ſiècles le ſol ſur lequel on les fit repoſer. Leurs ruines mêmes échappent à l'œil du
Voyageur & aux crayons du Géographe.

Embraſſez, d'une vue plus générale encore, ce globe qui vous paraît décrit par les Anciens d'une
manière ſi étrange, & vous verrez
votre ſurpriſe s'accroître; le banc
de ſable qui gênait la navigation
des Amiraux de Tyr & de Carthage,
eſt devenu une iſle floriſſante pour
les Cook & les Anſon; de vaſtes
Méditerranées ont été remplacées
par des plaines de ſables; des fleuves impétueux ont tari, ou ne cou-
lent plus dans la même direction;
ce Caucaſe même & ces rochers
inacceſſibles de l'Atlas, qui ca-
chaient leur tête dans les nuages,

maintenant abaiſſés par le laps des ſiècles, ſoutiennent à peine le parallèle avec les montagnes d'un monde nouveau, tels que le Mont-Blanc & les Cordillières.

Rien n'eſt plus fait à cet égard, pour diſſiper tous les doutes du génie étroit qui veut toujours juger par ce qui eſt, de ce qui doit être, que la grande preuve que l'Hiſtoire des Hommes a tirée des quatre grandes révolutions qu'à ſubies la mer Caſpienne. Aſſurément il n'y a qu'un vain rapport de nom entre ce petit baſſin iſolé qui ſépare aujourd'hui la Tartarie, de la Perſe, & le bras immenſe de l'Océan qui, dans les âges primitifs, ſervait de communication entre la mer Glaciale & la mer des Indes.

Il eſt démontré que cette même

mer Caspienne, qui, d'après la carte du Czar, Pierre le Grand, est bornée depuis 1720, à une surface de cinquante lieues d'Orient en Occident, en avait 350 sous le même rapport quatre siècles auparavant, au milieu du règne de l'Arabe Abulfeda ; 600 au second siècle de l'Ere vulgaire, à l'époque où fleurissait l'Astronome Ptolémée, & plus de 1200 dans les tems primitifs, lorsque la plaine sablonneuse d'Astracan étant sous les eaux, cette vaste Méditerranée de l'Asie, confondue avec les Palus Méotides, communiquait par un des Bosphores au Pont-Euxin.

De plus grands changemens encore se sont faits dans les entrailles du globe & sur sa surface, & c'est une suite des loix par lesquelles le

syftême entier des mondes fe gou-
verne; la nature conferve la matière, mais elle fe joue des formes;
& en effet il eft tout fimple que
là demeure mobile de quelques
êtres qui s'agitent le matin pour
mourir le foir, éprouve quelque
viciffitude.

Ces grands principes ont été mé-
connus de tous les Ecrivains qui
ont confacré leurs veilles à l'étude
de la haute antiquité, & voilà pourquoi, malgré tant de livres qui por-
tent le titre faftueux d'Hiftoires
Univerfelles, le Philofophe, de tous
les points de l'Europe qui font le
foyer des arts, demandait une Hiftoire des Hommes.

Toutes les Hiftoires Univerfelles
connues, manquent d'abord d'un
premier volume. Comme on n'a

pas fait marcher parallèlement l'hiftoire du globe avec celles des peuples qui l'habitent, il s'enfuit que le lieu de la fcène eft totalement inconnu, & par conféquent qu'on ne prend que le plus faible intérêt aux héros à qui on y fait jouer un perfonnage.

On a pris les cartes de nos de l'Ifle & de nos Buache, pour figurer la patrie des Orphée & des Hercule, & l'hiftoire Ancienne n'a point eu de géographie.

On n'a point médité fur les époques de la retraite lente & graduée des mers qui entourent le globe, & les âges antérieurs à l'Ere de Callifthène ou aux Olympiades, n'ont point eu de chronologie.

On a cru que l'hiftoire d'un petit peuple de l'Afie, toujours ifolé au milieu de ses rochers, & souvent esclave, méritait seul de fixer les regards des siècles. On a abandonné alors le tableau des vastes Monarchies qui ont foulé le globe, pour s'occuper des annales de ces rochers, & on a appellé des compilations indigestes sur une ville sacrée, des Histoires Universelles.

Enfin on n'a établi aucune filiation dans les émigrations des peuples qui ont brillé tour-à-tour sur notre continent. L'Historien marche sans cesse sur des ruines, & le cahos de ses idées fait qu'elles ne laissent aucune trace dans la mémoire.

Cette ignorance de la physique & ce défaut d'architecture générale, se retrouvent dans toutes les annales des tems primitifs, & l'Ecrivain du premier ordre, à cet égard, n'eſt pas exempt de cet eſprit ſervile de routine qui a fait jetter dans le même moule toutes les Hiſtoires Univerſelles.

Plus heureux dans notre plan que l'Ecrivain ſupérieur qui nous a précédé, & qui, s'il l'avait rencontré, aurait mis plus de génie, ſans doute, pour le faire valoir, continuons à faire dériver de la théorie du globe, l'hiſtoire de la Grèce & celle des tems primitifs.

Le monde que nous habitons préſente aux yeux des irrégularités ſenſibles ; toutes les grandes chaînes de montagnes ne ſont qu'à peu de diſtance de l'équateur ; le pole du Nord eſt un noyau de terre, & celui du Sud eſt tout en mers ;

l'Océan a des profondeurs de trois mille toiſes, & les pics du Mont-Blanc & des Cordillières s'élèvent preſque à la même diſtance au-deſſus de l'Océan. Il ſemble que tant d'inégalités devraient rompre l'équilibre de la charpente du globe.

Mais ſi notre monde eſt ſi irrégulier à ſa ſurface, il faut bien que dans des tems antérieurs il ait été régulier. Tout ce qui exiſte dans la nature, ſoumis aux mêmes loix, paſſe par divers périodes d'accroiſſement, de maturité & de décadence. Et puiſque le globe a commencé, l'époque de ſon berceau n'a pas été celle de ſa décrépitude.

Lorſque le globe était tout entier ſous les eaux, il formait un ſphéroïde ſans inégalités. Voilà ſa première époque ; elle eſt inacceſ-

fible même à la chronologie conjecturale du Philofophe.

Nous n'avons fur ce premier
âge de notre planète aucuns monumens hiftoriques ; mais la phyfique
fupplée au filence des Polybe &
des Diodore, & la voix éloquente
de la nature ne doit point être rejettée dans une Hiftoire des Hommes.

Il eft évident par la ftructure
intérieure du globe, par le paral-
lélifme horifontal de fes couches,
par la pofition de fes lits de coquillages, par la direction des chaînes de rochers qui le coupent vers
l'équateur, & par la correfpondance
des angles de fes montagnes, qu'il
n'eft deffiné tel que nous le voyons,
que par l'action lente & graduée
des mers qui ont couvert en tout
fens fa furface.

Cette vérité à peine preſſentie au ſiècle de Louis XIV, eſt aujourd'hui portée au dernier degré d'évidence par les Savans qui, de tous les points de l'Europe éclairée, ſe réuniſſent à ſurprendre les ſecrets de la nature. C'eſt ſur-tout depuis trente ans, que le génie obſervateur a fait à cet égard les plus heureuſes découvertes, & nous oſons dire que de cette époque, il n'exiſte aucun bon ouvrage de phyſique qui ne renferme des preuves directes du ſéjour antique de l'Océan ſur la ſurface du globe & de ſa lente retraite (a).

---

(a) Tous les livres d'Hiſtoire Naturelle qui ſortent des Preſſes de France, d'Italie, de Suiſſe, d'Angleterre & d'Allemagne, quoique contraires quelquefois ſur les réſultats, ſe réuniſſent ſur le principe. Voyez le *Journal*

Les monumens de l'hiſtoire viennent même à l'appui de cette théorie.

---

de *Phyſique*, les *Tranſactions Philoſophiques*
& les *Mémoires des Académies.*

Un des derniers ouvrages les plus eſtimés ſur
l'Hiſtoire Naturelle, eſt le *Voyage dans les
Alpes* du Profeſſeur de Sauſſure. Ce ſavant
Ecrivain, ſans être conduit par l'eſprit de ſyſ-
tème, y a raſſemblé une foule de faits qui
mettent notre grand principe à l'abri de toutes
les atteintes du ſcepticiſme.

» J'ai trouvé, dit il, ſur la petite montagne
» de Boiſy, non loin du lac de Genève, des
» bancs calcaires interpoſés entre ceux de grès.
» Or, cette carrière achève de prouver que la
» mer a ſéjourné long-tems ſur ces hauteurs,
» parce que les pierres calcaires ne ſe forment
» que par des ſédimens ſucceſſifs des eaux peu-
» plées d'animaux marins. *Voyage dans les
Alpes*, tome 1, pag. 341.

» La montagne du Grand Salève préſente, du
» côté de Genève, de grandes aſſiſes à-peu-près
» horiſontales de rochers nuds & eſcarpés. Ces
» rochers ont dû former un des parois du grand
» canal dans lequel coulait le courant primitif;

philofophique. On ne peut faire un
pas fur le globe fans y voir des

---

» ils ont dû par conféquent être rongés & fillon-
» nés à-peu-près horifontalement, & les parties
» les plus faillantes ont été expofées aux éro-
» fions les plus confidérables. —— Au refte, les
» faits ont pleinement répondu à ces conjec-
» tures. Les tranches nues & efcarpées des gran-
» des couches de cette montagne, préfentent
» prefque par-tout les traces les plus marquées
» du paffage des eaux qui les ont rongées &
» excavées. On voit fur le rocher des fillons
» prefque horifontaux, dont quelques-uns ont
» cinq pieds de large & une longueur double
» ou triple fur un ou deux pieds de profon-
» deur. Tous ces fillons ont leurs bords termi-
» nés par des courbures arrondies, telles que
» les eaux ont coutume de les tracer . . . . &
» qu'on ne dife pas que c'eft l'effet des pluies;
» car alors les excavations feraient perpendicu-
» laires à l'horifon, ou dirigées fuivant la plus
» grande inclinaifon des faces des rochers ; au
» lieu que celles-là font tracées à peu-près ho-
» rifontalement fur des faces tout-à-fait ver-
» ticales. Ces fillons font donc les traces ou

veſtiges de ſes conquêtes ſur l'O-
céan. Pline met notre Pruſſe &

---

» les ornières du courant qui a charié dans
» nos vallées, les débris des rochers des Al-
» pes, *ibid.* pag. 221.

» Si l'on peut trouver une clef de la théorie
» de la terre, relativement à la direction des
» courans de l'ancien Océan, dans lequel les
» montagnes ont été formées, il faut la cher-
» cher dans la direction des plans des couches
» inclinées; en faiſant abſtraction des cas ra-
» res & particuliers, dans leſquels on voit ces
» couches s'écarter du paralléliſme qu'elles ob-
» ſervent généralement avec les chaînes de mon-
» tagnes qui réſultent de leur aſſemblage; & je
» crois être le premier qui ait obſervé la géné-
» ralité & l'importance de ce phénomène, *ibid.*
tome 2, pag. 349.

» Les montagnes de la Sicile & de l'Italie,
» qui ſont preſque toutes de nature calcaire,
» furent anciennement formées dans le fond
» même de la mer qu'elles dominent aujour-
» d'hui ; mais elles ſe dégradent comme les
» laves de l'Etna, & retournent à pas lents dans
» le ſein de l'élément qui les a produites, *ibid.*
*Diſc. Prélimin.*, tom. I, pag. VII.

notre Poméranie fous les eaux, il
y a à peine deux mille ans. Tous

---

» Tous les faits m'ont perfuàdé que dans un
» tems bien antérieur à toutes les époques hif-
» toriques, la mer couvrait nos montagnes à une
» hauteur confidérable. . . On ne peut , par
» exemple, révoquer en doute qu'à Genève le
» Plain-Palais , la plaine de Karouge, le pré
» l'Evêque, &c. n'ayent été antérieurement cou-
» verts par les eaux, & ne fe foient élevés par
» l'accumulation de leurs fédiments ; le niveau
» de leur furface, les lits horifontaux de fable
» & de gravier, dont ces terreins font formés,
» en font des témoins irrécufables. L'Hiftoire
» Civile vient même ici à l'appui de l'Hiftoire
» Naturelle. Divers monumens concourent à
» prouver que les eaux du Lac couvraient, il y
» a douze à treize cents ans, toute la partie in-
» férieure de la ville de Genève ; que ces eaux
» fe font retirées par gradation, & que les mai-
» fons du quartier de Rive n'ont été bâties que
» depuis leur retraite, *ibid.* tome I , pag. 217.
» Ce ne font pas feulement les bords du
» Lac & le pied des montagnes voifines qui font
» couverts de fragmens de roches primitives ;

les Phyſiciens qui ont parcouru les Alpes, y ont vu l'empreinte des

---

» on en trouve de ſemblables diſperſés ſur le
» mont Salève & ſur les pentes du Jura, juſqu'à
» la hauteur de trois ou quatre cents toiſes au-
» deſſus du niveau du Lac.

» Il faut donc que les eaux ſe ſoient élevées
» juſqu'à cette hauteur.

» Mais comment ces maſſes de rochers ont-
» elles pu être tranſportées ſur des hauteurs que
» de larges & profondes vallées ſéparent des
» Alpes primitives ?.. Voici l'hypothèſe la plus
» vraiſemblable.

» Les eaux de l'Océan dans lequel nos mon-
» tagnes ont été formées, couvraient encore
» une partie de ces montagnes, lorſqu'une vio-
» lente ſecouſſe du globe ouvrit tout-à-coup de
» grandes cavités, & cauſa la rupture d'un
» grand nombre de rochers.

» Les eaux ſe portèrent vers ces abîmes avec
» une violence extrême, creusèrent des vallées
» profondes & entraînèrent des ſables, des ter-
» res & des fragmens de toutes ſortes de ro-
» chers. Ces amas à demi liquides, chaſſés par
» le poids des eaux, s'accumulèrent juſqu'à la

courans qui y ont formé ces rochers inacceſſibles. Von-Linné &

---

    » hauteur, où nous voyons encore pluſieurs de
» ces fragmens épars.

    » Enſuite les eaux qui continuèrent de cou-
» ler, mais avec une vîteſſe qui diminuait
» graduellement, à proportion de la diminu-
» tion de leur hauteur, entraînèrent peu-à peu
» les parties les plus légères, & purgèrent les
» vallées de cet amas de fange & de débris,
» en ne laiſſant en arrière que les maſſes les
» plus lourdes & celles que leur poſition dé-
» robait à leur violence, *ibid.* tom. 1, p. 203.

    » Tout me démontre que chacun de ces blocs
» dont je viens de parler occupe encore exacte-
» ment la même place dans laquelle il fut dé-
» poſé, par le courant qui le charia du haut
» des Alpes, lors de la grande révolution dont
» nous avons vu tant de veſtiges. Cette penſée,
» lorſqu'elle me vint pour la première fois dans
» l'eſprit, me remplit d'une forte d'admiration
» reſpectueuſe pour des rochers, qui, préſer-
» vés pendant tant de milliers d'années, ſont
» demeurés en ſilence les monumens inconnus
» d'une des plus grandes cataſtrophes que notre

onze de fes Difciples, ont calculé
d'après leurs expériences fur les cô-

---

» globe ait effuyées ; je les examinai avec l'at-
» tention la plus fcrupuleufe ; il me femblait
» toujours que je devais trouver, pour ainfi dire,
» quelque médaille qui m'apprendrait la date, ou
» du moins quelque circonftance de ce grand évè-
» nement ; un grain de gravier de la groffeur & de
» la forme d'un œuf de pigeon , & quelques au-
» tres fragmens des roches primitives engagés
» fous un de ces blocs, me parurent être les
» derniers témoins du mouvement des eaux qui
» ont tranfporté ces maffes énormes. Du refte,
» les blocs eux-mêmes repofent fur le roc cal-
» caire abfolument à nud & fans interpofition
» d'aucune autre matière , *ibid*. pag. 227.

Quelque longue que foit déja cette note ,
je ne puis me refufer à joindre au fuffrage du
Savant Génevois, celui du célèbre Coxe & de
fon ingénieux traducteur. Je vais citer quelques
textes de leurs *Lettres fur la Suiffe*, imprimées
cette année 1781 à Paris, avec privilége.

» Parmi ces pics énormes ( le Mont-Blanc
» & le St-Gothard ) qui paraiffent de l'âge du
» monde, & dont le fquelette montre à nud

tes de Suède & de Danemarck, que
la mer Baltique fera à fec avant

---

» la matière qui forme peut-être la feconde en-
» veloppe du noyau de la terre, on remarque
» des montagnes plus récentes & d'une figure
» qui trahit le myftère de leur naiffance ; ce
» font de longues crêtes médiocrement élevées
» qui ferpentent entre les montagnes primitives,
» comme les courants qui les ont formées. . .
» Quel fublime tableau que celui de cette
» contrée ! Quelle étude que celle de ces monts
» de diverfe origine, & d'âge différent, qui attef-
» rent les grandes révolutions de la nature,
» fes lents travaux & fes effrayans défaftres ?
» Quelles annales pour l'Obfervateur que ces
» rochers que trente fiècles ont formés ou dé-
» truits, que ces cadavres de montagnes renver-
» fées dans les profondeurs qu'elles dominaient
» & enfevelis fous les glaces qui accompagnent
» la vieilleffe de tous les êtres! *Lettres fur la
Suiffe*, tom. 1, pag. 264.

» L'homme de génie qui fait lire dans l'hif-
» toire de la nature, franchit d'un pas les tems
» que nos faftes éclairent, & laiffent derrière
» lui les nations ; il pénètre dans une antiquité

cinquante siècles. Le sol de l'Asie
& la tradition de ses peuples attes-

------

» plus profonde ; il en fixe les époques ; il en
» indique les révolutions. C'est du rivage des
» mers qu'il part. Là, il recueille les faits les
» plus récens ; il marque le *hier* de la nature ;
» car pour elle les peuples n'ont qu'un jour.
» Bientôt il atteint les collines voisines de leurs
» bords ; celles que les eaux ont formées les
» dernières, lorsqu'elles achevaient de décou-
» vrir nos continens. Ce sont de longs cordons
» parallèles & peu élevés, ouvrage de leur
» lente retraite ; car lorsque l'Océan les laissa
» derrière lui, il avait perdu sa première fu-
» reur ; il tendait avec moins d'impétuosité vers
» le bassin qu'il occupe. Plus loin, les monts
» s'élèvent & se divisent en diverses chaînes,
» dont les directions différentes annoncent le
» combat des eaux. Ici les courans sont mar-
» qués par de longues & profondes vallées ;
» c'était une mer irritée qui baignait leurs hau-
» teurs & leurs précipices ; de vastes bancs de
» coquilles & de productions végétales prouvent
» le long séjour qu'elle y a fait ; leurs pétrifica-
» tions attestent le nombre de siècles écoulés,

tent la dégradation de ce bras immenfe de l'Océan, qui, après avoir

---

» depuis qu'elle les a quittées. Plus haut les
» formes font plus grandes ; tout annonce de
» plus violens mouvemens , de plus puiffans
» moyens , une antiquité plus reculée ; chaque
» degré d'élévation ajoute un fiècle à l'âge des
» monts , & l'Obfervateur parvenu enfin à mille
» toifes au-deffus du niveau actuel des mers,
» eft à la plus grande hauteur, où l'on trouve
» des traces de leur féjour... Si on fuppofe
» cependant que l'Océan a pu fe foutenir long-
» tems à la hauteur des fommets aujourd'hui
» inacceffibles de ces montagnes , on pourra
» croire que fes eaux encore dénuées d'habitans ,
» & roulant un limon purement minéral , ont
» formé cet amas énorme de rochers fimples.
» Au refte , que nous importent des fyftémes à
» cet égard ? L'exiftence des montagnes primor-
» diales ne nous intéreffe réellement, qu'à compter
» du moment où fortant du fein des eaux en-
» tourées de ce revêtement de montagnes fecon-
» daires qui adoucit leurs formes, émouffe leurs
» angles & doit fervir de bafe à la végétation,
» elles s'enchaînent & s'étendent en tout fens

fait communiquer la mer Glaciale
à celle des Indes, a fini par n'être
que le petit lac de la mer Caspienne.
L'Afrique dépose aussi en faveur
de cette grande vérité. On peut en
juger par cette Memphis , d'où
partirent des flottes formidables
sous les Pharaons, & qui se trouve
éloignée de la Méditerranée de
vingt-cinq lieues; par ces mers de
Barca, de Cyrène & d'Ammon,
où croisaient les Navigateurs Phéniciens, & qui ne font plus que
de vastes déserts de sables que les
vents amoncèlent pour engloutir
les caravannes. Le nouveau monde

---

» sur les continens desséchés, pour diviser en
» régions leur étendue uniforme & détruire ce
» niveau qui, à la fois, les exposerait à de
» nouveaux déluges & les condamnerait à une
» éternelle aridité, *ibid.* tom. 2 , pag. 98.

porte encore plus évidemment l'empreinte du séjour de l'Océan fur fa furface. Il y a très-peu de fiècles que ce continent à demi fubmergé, n'exiftait pour la race humaine qui l'habite, que par la chaîne des Cordillières & des monts Apalaches; il va même fans ceffe en s'agrandiffant, & le moment n'eft pas loin, où ce monde moderne fe réunira à l'ancien par la Californie.

Tant que le globe fut régulier & plongé uniformément dans le fluide qui couvrait fa furface, privé de ces hauteurs favorables à la végétation qui pompent les vapeurs, & d'où jaillit l'eau douce des fleuves, il ne tint dans notre fyftême folaire que le rang d'une planète trifte & obfcure qui ne pouvait devenir la demeure des hommes.

Heureusement cette régularité si contraire au développement des êtres organisés, ne dura pas. Elle disparut peu-à-peu par l'action des vents, par celle des courans, par l'éruption subite des feux renfermés dans les entrailles du globe, & sur-tout par l'oscillation périodique du flux & du reflux, effet de la pression de la Lune sur notre atmosphère.

Il ne peut se former des éminences sur le globe, qu'il ne se forme en même-tems des profondeurs qui leur correspondent ; alors les eaux qui, suivant les loix éternelles des fluides, tendent sans cesse à se mettre de niveau, abandonnent les pics de montagnes, pour remplir les abymes, & c'est ainsi que peu-à-peu notre monde se découvre.

Ce principe, que le sphéroïde du globe, de plane qu'il était d'abord, est devenu par l'action des mers, plein d'inégalités , & que par la naissance des montagnes, les eaux ont gagné en profondeur, ce qu'elles perdaient en superficie ; ce principe , dis-je , si sublime dans sa simplicité & si fécond dans ses résultats , me semble une des clefs de la nature.

Il renferme sur-tout la réponse la plus heureuse, à l'unique objection que le Physicien puisse faire au système de la retraite lente & successive des mers ; car on a droit de demander ce qu'est devenu cet effroyable amas d'eaux qui, dans un âge primordial , couvrait les cimes du Caucafe, du Mont-Blanc & des Cordillières. L'objection eſt d'autant plus forte, qu'elle a pour baſe une vérité éternelle ; c'eſt que rien ne s'anéantit dans la nature.

Or, il eſt évident par la nature de notre hypothèſe, que le volume de l'Océan peut être égal, ſoit qu'il couvre uniformément un ſphéroïde plane, ſoit que pénétrant dans les profondeurs immenſes de ce monde qu'il déchire, il laiſſe à découvert toutes les parties élevées de ſa ſur-face.

Pour ſe faire une idée juſte de ce rapport, il ſuffit d'obſerver en Phyſicien, les inégalités dont le globe eſt ſillonné. Il y a un gouffre dans la Province de Stafford en Angleterre, qui n'a pu être ſondé que juſqu'à la profondeur de deux

mille six cents pieds perpendicu-
laires (*a*). J'ai vu dans les gorges
qui entourent le Mont-Blanc, des
précipices formés par la chûte des
torrents ou par l'affaissement des
rochers, que je ne pouvais pas
évaluer à moins de neuf mille pieds
de profondeur. Pour l'abyme du
mont Ararat, antique foyer d'un
volcan qui s'est éteint, il parut
incommensurable au Savant Tournefort (*b*).

L'élévation des montagnes & la
profondeur des mers sont infiniment plus grandes vers l'équateur
que dans nos zônes tempérées; &
c'est la suite naturelle de la rota-

---

(*a*) *Journal des Savants*, année 1680,
pag. 12.
(*b*) *Voyage du Levant*, tom. 3, pag. 216.

tion de la terre fur fon axe. Il faudrait mefurer dans ces climats les abymes de l'Océan, pour juger encore mieux le rapport fingulier qui doit fe trouver entre fa moderne profondeur & fon antique furface.

Au refte, des Phyficiens laborieux ont calculé la quantité d'eau que renferme l'Océan; en lui donnant une profondeur commune & en ne la faifant que de fix cents pieds, on a trouvé que fa maffe réunie formerait un globe de foixante lieues de diamètre. Or, ce globe d'eau répandu fur une furface plane, couvrirait notre terre entière à la hauteur de deux cents toifes; ce qui juftifie de la manière la plus heureufe notre théorie du monde primitif.

De cette théorie du globe, ré-
fultent les élémens philofophiques
de l'hiftoire.

Le monde s'étant découvert par
les montagnes voifines de l'équateur, il s'enfuit que les hommes
primitifs ont d'abord peuplé les
hauteurs du Caucafe, & enfuite les
chaînes de cet Atlas qui fe pro-
longe dans toute l'étendue de l'A-
frique, depuis la mer Rouge jufqu'au Détroit de Gibraltar.

Quand les éminences pyramidales du globe fe trouvèrent couvertes
d'hommes, la nature s'aggrandif-
fant fous leurs pas, ils cherchèrent
à fe propager fur fes éminences
convexes ; de-là, l'origine de la
population fur ce vafte plateau de
la Tartarie, qui paraît foutenir la
charpente de l'Afie entière.

Le plateau de la Tartarie , la premiere montagne convexe du globe, puifqu'elle a fix cents lieues d'enceinte , eft aujourd'hui. après les cimes des Andes, du Mont-Blanc & du Caucafe, le pays le plus élevé des deux continents. Les plus grands fleuves de l'Afie, tels que l'Oby, le Lena , le Jenifei , l'Amur & même le Hoango de la Chine, ÿ prennent leur fource ; & quand le Géomètre Verbieft voulut au commencement de ce fiècle foumettre cette hauteur à fes calculs , il la trouva d'une lieue aftronomique au-deffus de la mer la plus proche de Pékin ( *a* ).

C'eft fur le plateau de la Tar-

***

(*a*) *Defcription de la Chine* du P. du Halde, tom. IV, pag. 100.

tarie, que parut le peuple inſtituteur de notre monde dégénéré, le ſeul des tems primitifs qui, après avoir ſecoué l'eſprit humain, a laiſſé des traces de ſes lumières juſques dans la mémoire de la race cruelle qui l'a anéanti.

La beauté du climat aida ſans doute à former ce peuple inſtituteur. L'air du plateau de la Tartarie eſt, comme noús l'avons dit ailleurs, dégagé de toutes les émanations mal-ſaines que produit dans nos terreins bas la fange des marais. Le nitre dont ſon ſol eſt couvert, ſe réunit à des vents périodiques pour tempérer les feux du ſoleil, qui doivent avoir la plus grande activité à une pareille latitude. Enfin la nature y a déployé de tout tems ſa vigueur & ſa fé-

condité. Le Phyficien s'en apperçoit encore aujourd'hui par la foule
de végétaux indigènes qui s'y dé-
veloppent fans culture , & il regrette que quelquefois le manque
d'eau , & plus fouvent la difette
d'hommes , empêche cette belle
contrée d'être ce qu'elle était probablement dans l'origine , c'eft-à-
dire , le jardin de l'univers.

Avant d'examiner ce que la Grèce
dut à cette nation primitive , continuons de parcourir le globe à
grands traits, & d'appuyer , fur fon
développement fucceffif, la filiation
des premiers peuples qui ont occupé
le burin de l'hiftoire.

Il eft évident que la population
de notre monde a commencé par
les pays élevés ; ainfi les habitans
des contrées baffes & voifines de

la mer , tels que l'Egyptien , le Grec , l'Irlandais, qui se sont prétendus autochtones, ont menti également à la nature & à l'histoire.

L'Asie est la partie de la terre la plus élevée ; c'est donc dans son sein qu'il faut chercher la métropole de cette foule de colonies qui ont peuplé successivement le globe , du mont Caucase aux terres Australes.

La population a commencé par les montagnes. Alors l'Asie n'était qu'un Archipel ; une mer immense séparait l'isle du Caucase de l'isle du Taurus , & celle-ci des isles plus rapprochées du Liban & de l'Anti-Liban.

Des Ecrivains sans principes , accoutumés à glaner d'une main servile dans les champs de l'histoire, ont écrit que les hommes primitifs avaient d'abord peuplé les côtes de la mer, & que de-là ils s'étaient répandus fucceffivement fur les éminences du globe. Ce paradoxe analyfé fuppoferait que tout vient de la mer, & que l'homme a une origine commune avec les baleines & les requins.

Confultons les traditions anciennes; nous verrons que tout a commencé par les montagnes. Les Scytes du Caucafe ont précédé les Cultivateurs des plaines arrofées par le Tigre & l'Euphrate. C'eft des hauteurs de Derbent que font defcendus les Légiflateurs de la première Monarchie des Perfes. Le Liban a été le berceau de l'antique Syrie; l'Egyptien eft parti des rochers de l'Ethyopie pour aller culti-

ver la longue vallée de la Thébaïde.
L'Afrique s'est peuplée par la chaîne
de l'Atlas, & l'Europe par l'Ape-
nin, par les Alpes & par les Pyrénées.

Il existe encore, dans un monde
que nous avons vu naître, un suf-
frage bien authentique pour notre
théorie; quand Pizarre & Cortez
parurent en Amérique pour la changer en déserts, ils n'y trouvèrent
que deux peuples anciennement po-
licés, celui du Mexique & celui
du Pérou; or, la capitale de l'une
est à une égale distance des deux
mers, & celle de l'autre a pour
base la plus haute montagne du
nouveau monde.

Les montagnes de l'Asie, patrie
du peuple primitif, sont bien loin,
il est vrai, d'attester par leur hauteur

prodigieuſe, leur antiquité vénérable. Il paraît prouvé par les calculs de la phyſique moderne, que le Mont-Blanc dans les Alpes & la partie des Cordillières qui domine le Pérou, s'élèvent encore plus dans les nuages, que le Liban ou les cîmes du Caucaſe (a).

---

(a) » La cime du Mont Blanc élevée de 2446
» toiſes au-deſſus du niveau de la Méditerra-
» née, eſt la plus haute de toutes celles qui
» ont été meſurées avec quelque exactitude,
» non-ſeulement en Europe, mais en Aſie & en
» Afrique ; les Cordillières de l'Amérique ſont
» les ſeules montagnes connues qui la ſurpaſ-
» ſent en hauteur.

» Cet énorme rocher de granit, ſitué au
» centre des Alpes, lié avec des montagnes de
» différentes hauteurs & de différens genres,
» ſemble être la clef d'un grand ſyſtême...
» Malheureuſement il eſt d'un accès très-diffi-
» cile ; malgré l'étendue de ſa baſe, ſes ap-
» proches ſont défendues preſque de tous les

Mais ce fait qu'on oppofe à notre théorie pour la renverfer, lui prête au contraire un nouvel appui. Les premières montagnes du globe, à force de lutter contre le torrent des fiècles, ne font parvenues jufqu'à nous que dans un état

---

» côtés. Au Sud, au Sud-Eft & au Sud-Oueft,
» des rocs taillés en pics à la hauteur de plu-
» fieurs milliers de pieds ; au Nord, au Nord-
» Eft & au Nord Oueft, des murs de glace qui
» menacent d'écrafer ceux qui les approchent,
» ou dés neiges perfides qui voilent des aby-
» mes.

» Heureufement on peut fonder fes flancs,
» qui font acceffibles. De plus, deux hautes
» montagnes qui font fituées vis-à-vis du Mont-
» Blanc, l'une au Nord & l'autre au Midi,
» femblent être des gradins deftinés à l'Obfer-
» vateur qui, de leur fommet, peut faifir tout
» l'enfemble de cet énorme coloffe. Voyez les
*Voyages dans les Alpes* d'Horace Bénédiĉt de
Sauffure, tome 2, pag. 131.

de dégénération qu'elles partagent,
au refte , avec la nature. Toutes
font abaiffées , & la plupart, de-
convexes font devenues pyramidales.

L'Hiftoire des Hommes a déja
fait preffentir cette obfervation, au
fujet de la population des hauteurs
du Caucafe. On ne peut fe per-
fuader , a-t-on dit , que ces rocs
efcarpés qu'aujourd'hui l'œil de l'i-
magination franchit à peine , tou-
chent au berceau du monde. Ces
pics ifolés ne font que le noyau
d'un globe de terre qui n'eft plus.
Il faut fe figurer les antiques éminences du globe , comme des plaines convexes affez femblables au
plateau de la Tartarie. Peu-à-peu
le foleil enlève , par l'activité de
fes rayons , les fels les plus fubtils

dans toute la profondeur de cet humus qu'il défsèche ; les angles les plus expofés au contact de l'air fe décompofent ; les vents diffipent cette terre aride, & alors le fommet de la montagne d'une fphère convexe devient un cône régulier dont un rocher fait la pointe.

Quand la montagne ainfi décharnée n'a plus l'enveloppe végétative qui la protège, le roc qui la couronne fe gerce par le contact de l'air, s'ouvre par la force expanfive des glaçons qui fe logent dans fes interftices, & quelquefois éclate par l'éruption de feux fouterrains qui s'allument à fa bafe. Quelles que foient les caufes de fa dégradation, elle en fubit une d'autant plus violente, qu'elle s'éloigne plus de l'époque de fon origine. Le

Liban, l'Atlas, l'Ararat, font environnés de leurs propres ruines, & ce font là les rides vénérables qui atteftent leur vieilleffe.

Si le plateau de la Tartarie n'offre point le même fpectacle de dégradation, c'eft que la cime d'une montagne qui a fix cents lieues d'enceinte, préfente une furface trop vafte, pour que le roc vif qui lui fert de noyau fe découvre. A cet égard, la patrie du peuple inftituteur du genre humain, eft la feule où le tems deftructeur n'ait point laiffé l'empreinte de fes ravages.

Pour les montagnes pyramidales, elles fe font toutes abaiffées à raifon de leur haute antiquité. Ainfi le Mont-Blanc ne fauroit tirer gloire de dominer, fur les mers encore plus que les montagnes de l'Afie. Cela prouve feulement que les Alpes ont été produites par l'Océan une foule de fiècles après le Caucafe.

Je ne doute point que la partie des Andes où la Condamine mefura le globe, ne foit à fon tour plus élevée que le Mont-Blanc. Les Andes tiennent à un monde tout neuf qui n'a pas eu encore le tems de fe dégrader, comme les montagnes d'un âge intermédiaire qui forment la charpente de l'Europe.

Il y a même d'antiques montagnes que les fiècles entaffés fur leur tête fuperbe, à force de dégrader, ont à la fin anéanti. On peut en juger par celle de Paffy, voifine du Mont-Blanc, qui s'écroula il y a vingt ans avec un tel fracas,

qu'on crut l'axe du globe dérangé.
La Cour de Turin perfuadée que
c'était un nouveau volcan qui fe
formait dans les Alpes, y envoya
à l'inftant le célèbre Naturalifte
Donati, pour vérifier fon éruption.
Celui-ci arriva, avant que les rochers euffent achevé de s'ébouler,
& voici comment il s'exprime dans
la lettre Italienne, où il fait part
à un Phyficien de Genève de cet
étrange évènement.

» ... J'ai fait dans les Alpes un
» tour d'environ 250 lieues pour
» obferver, fuivant l'ordre du Roi
» de Sardaigne, le prétendu vol-
» can... Après avoir marché qua-
» tre jours & deux nuits fans m'ar-
» rêter, je me trouvai en face d'une
» montagne toute environnée de
» fumée, de laquelle fe détachaient

» continuellement de jour & de
» nuit de grands blocs de rochers,
» avec un bruit parfaitement fem-
» blable à celui du tonnerre. Les
» habitans s'étaient tous retirés du
» voifinage, & n'ofaient envifager
» ces éboulemens, que de la dif-
» tance de deux milles. Toutes les
» montagnes voifines étaient cou-
» vertes d'une pouffière très-ref-
» femblante à de la cendre, &
» plufieurs tourbillons de cette pouf-
» fière avaient été enlevés par les
» vents, à la diftance de cinq lieues.
» J'examinai cette cendre, & je
» n'y trouvai qu'un compofé de
» fragmens de marbre pilé ; j'ob-
» fervai attentivement la fumée,
» & je ne vis point de flammes ;
» je ne fentis aucune odeur de
» foufre ; les fonds des courans

» & les fontaines ne me présentè-
» rent absolument aucun indice
» de matière sulfureuse. Persuadé
» d'après ces recherches, qu'il n'y
» avait la aucune solfatare enflam-
» mée, j'entrai dans la fumée, &
» quoique seul & sans escorte, je
» me transportai sur le bord de
» l'abyme ; je vis là une grande
» roche qui se précipitait dans cet
» abyme, & j'observai que la fu-
» mée n'était autre chose qu'une
» poussière élevée par la chûte des
» rochers

» D'après ce fait, je tâchai de
» découvrir la cause de ces ébou-
» lemens. Je vis qu'une grande
» partie de la montagne située au-
» dessous de celle qui s'affaissait,
» était composée de pierres & de
» terres, non pas disposées en car-

» rières ou par lits , mais confu-
» fément entaffées. Je reconnus par-
» là qu'il s'était déja fait dans la
» même montagne de femblables
» éboulemens , à la fuite defquels
» le rocher de 1751 était demeuré
» fans appui & avec un furplomb
» immenfe. Ce rocher était com-
» pofé de bancs horifontaux , dont
» les deux inférieurs étaient d'une
» ardoife fragile. Les deux bancs
» au-deffus étaient d'une forte de
» marbre rempli de fentes tranf-
» verfales à fes couches. Le cin-
» quième était tout compofé d'ar-
» doifes à feuillets verticaux en-
» tièrement défunis, & ce plan for-
» mait tout le plan fupérieur de la
» montagne éboulée. Sur le même
» plan , il fe trouvait trois lacs dont
» les eaux pénétraient continuel-

» lement par les fentes des couches,
» les féparaient & décompofaient
» leurs fupports. La neige qui en
» 1751 tomba dans la Suiffe &
» dans la Savoye, avec une abon-
» dance dont la mémoire ne s'ef-
» facera jamais, ayant augmenté
» l'effort, toutes ces eaux réunies
» produifirent la chûte de trois
» millions de toifes cubes de ro-
» chers ; volume qui feul fuffirait
» pour former une grande mon-
» tagne... Je prédis, au refte, que
» cet éboulement cefferait bien-
» tôt, comme il arriva en effet,
» & ce fut ainfi que j'anéantis ce
» volcan (a).

C'eft ainfi que ce globe va fans
ceffe en s'éloignant de fa forme

_____________

(a) *Lettre Italienne de Vitaliano Donati.*

primitive. Il ne faut pas plus s'é-
tonner des viciffitudes des montagnes que des révolutions des Empires ; le rocher qui porte Ecba-
tane n'a pas plus de droit que fon
trône à l'éternité. Tout change ,
tout fe modifie dans le vafte fein
de la nature , & il n'y a d'immuable que Dieu & la vertu.

Malheureufement la plupart de
ces grandes révolutions du globe
ne s'opèrent que par la deftruction
de la génération d'hommes qui
pourrait en perpétuer la mémoire ;
voilà pourquoi nous ne pouvons
pas conftater la chûte d'une antique montagne , comme l'incendie
de Perfépolis ou du temple d'E-
phèfe ; mais le fil de l'analogie fuffit
alors pour nous guider ; nous li-
fons fur les ruines du mont de

Paffy les cataftrophes du Caucafe, & Donati fupplée pour les détails, au filence de Polybe, & de Diodore.

Il fuit de ces confidérations philofophiques que notre globe n'eft point celui de Strabon, & que celui de Strabon n'était déja plus celui de Sanchoniaton & de Bérofe; ce qui démontre l'abfurdité de ceux qui ont fait la géographie immuable.

Ces principes que perfonne encore n'a entrevus, ni par conféquent fait valoir, offrent des réfultats qui répandent le plus grand jour dans les premiers monumens de l'hiftoire.

Les montagnes antiques en fe dégradant, ont ceffé peu-à-peu d'être favorables à la population. D'abord la terre végétative qui couvrait leur noyau, ayant été enlevée, l'homme qui ne pouvait plus être cultivateur, a abandonné un sol ingrat qui se refusait à ses premiers besoins ; ensuite leur cime s'abaissant, les vapeurs, source première des rivières, ne s'y font plus arrêtées ; alors les grandes métropoles des peuples primitifs, devenues totalement désertes, se font confondues avec leurs colonies.

Toute cette théorie ne marche qu'à l'appui des faits. Il est avéré que l'Ararat, le Liban & les montagnes mères des chaînes de l'Atlas & du Caucase, n'ont d'eaux que quelques sources rares qui filtrent au travers des rochers, ou des torrens intermittents qui s'élancent de leur cime, dans le tems de la fonte des neiges. Il n'en eft pas de même des montagnes d'un âge intermédiaire, telles que l'Appenin, les Alpes & les Pyrénées; on en voit jaillir les fources de prefque tous les fleuves de l'Europe. Les Cordillières, qui tiennent à une époque moderne, femblent encore plus imprégnées de cette humidité radicale fi propre à la vie végétative. C'eft dans leur fein que prennent naiffance toutes les rivières de l'Amérique, & en particulier le fleuve des Amazones, le plus grand des deux mondes.

Le plateau même de la Tartarie dénote à cet égard fa prodigieufe antiquité. On fait que quand l'Empereur Cang-hi, le Louis XIV de la Chine, vint le reconnaître, il fe vit fans ceffe arrêté dans fa marche par la difette d'eau. Il eſt vrai que ce Monarque avait le cortége d'un Conquérant plutôt que celui d'un Naturaliſte. On dit qu'il exécuta ce voyage ſavant à la tête de ſoixante mille fantaſſins & de cent mille chevaux.

La difette d'eau entraîne néceſſairement la difette d'hommes ; auſſi tandis que les Alpes, les Pyrénées & les Cordillières ſont peuplées juſqu'à la région des neiges, le plateau de la Tartarie n'a ſes hordes ambulantes que vers ſa baſe ; les Berbers, race peu nombreuſe & vagabonde, ne s'élève pas au-deſſus des flancs de l'Atlas. On ne trouve qu'un Couvent de Moines ſur la croupe de l'Ararat & du Liban, & l'aigle ſeule habite la branche mère du Caucaſe.

De cet âge du monde, qui n'eſt acceſſible que par les conjectures heureuſes de l'analogie, paſſons à des ſiècles dont il eſt reſté quelques traces dans la mémoire des hommes.

Lorſque la baſe du grand plateau de la Tartarie a commencé à s'élever au-deſſus de l'Océan, preſque toute la ſurface de l'ancien monde s'eſt découverte ; les iſles formées par les têtes des montagnes, ſe ſont réunies ; un vaſte continent a ſuccédé à une foule d'archipels, & le globe s'eſt trouvé deſſiné à peu-près tel qu'il eſt ſur les cartes de nos Géographes.

Ce ſiècle où la mer s'eſt retirée des plaines de l'Aſie, forme une grande époque dans l'Hiſtoire des Hommes.

Je dis ce ſiècle, parce qu'à la

retraite de l'Océan , quoique les campagnes reftaffent couvertes d'un limon générateur , il fallut aux hommes un grand laps de tems pour qu'ils rendiffent cette terre vierge propre à la culture.

Les plaines de l'Afie n'avaient point une pente graduée & infenfible qui favorifât l'écoulement des eaux primitives. La plupart environnées circulairement par des chaînes de montagnes , ne préfentaient après la retraite de la mer , que des lacs immenfes d'où s'exhalaient des vapeurs fétides propres à empoifonner l'atmofphère & à faire dégénérer l'efpèce humaine.

L'ancien monde était à cette époque, ce qu'eft encore aujourd'hui l'Amérique Septentrionale ; c'eft-à-dire, couvert de Méditer-

ranées ; car on ne peut pas donner d'autres noms à ces réfervoirs
prodigieux d'eaux qu'on appelle le
lac fupérieur, le lac Huron & le
lac des Affiniboils, puifque la plupart offrent plus de furface que la
mer Cafpienne (*a*).

Les Américains n'ont pas eu le
tems de procurer un écoulement
à ces amas d'eaux peftilentielles, &

---

(*a*) Suivant les calculs de la phyfique moderne, le lac fupérieur a 125 lieues de long fur
cinquante de large.

Le lac Huron n'en a que dix de moins fous
les deux rapports, ainfi que celui des Illi-
nois.

On donne aux lacs Erié & Ontario vingt-
cinq lieues dans fa petite dimenfion, & dans
la grande plus de quatre-vingt.

Enfin fans parler de la largeur qui n'a pas
été mefurée, on ne peut refufer foixante &
quinze lieues de long au lac des Affiniboils.

de

de se faire une patrie sur la fange
desséchée de leurs marais. Lorsqu'ils commençaient à se croire des
hommes, l'Espagne est venue les
exterminer.

Il n'en a pas été de même des
peuples de l'Asie, dans l'âge intermédiaire qui fixe nos regards. Tous
les héros qui prétendirent aux honneurs de l'apothéose firent servir
leur génie & leurs bras au dessè-
chement des plaines abandonnées
par l'Océan. Ils creusèrent des lits
aux eaux fétides que le défaut de
pente empêchait de circuler, &
changèrent chaque lac en un fleuve,
dont les eaux pures & vives se
prêtâssent aux besoins toujours
renáissants de l'agriculture. C'est
ainsi que les premiers bienfaiteurs
de la Chine créérent le fleuve Jaune;

que les Brames firent couler le Gange dans l'Indoſtan, avant de le diviniſer, & que le Légiſlateur Oannès prépara le Tigre & l'Euphrate à arroſer les métropoles ſuperbes des Monarchies de Ninive & de Babylone.

Ce n'eſt pas une petite obſervation pour le Philoſophe, que tous les demi-dieux de cet âge intermédiaire ſe ſoient également occupés à deſſécher le globe. Ce ſervice rendu aux hommes, vaut bien la gloire de les égorger en bataille rangée, comme ont fait les demi-dieux modernes, les Céſar, les Alexandre & les Charles XII.

On retrouve ces héros réparateurs du globe dégradé, juſques dans les ſiècles ſupérieurs qui éclairèrent la naiſſance des Monarchies Grecques.

Le Jason qui préfida à l'expédition des Argonautes, fe voyant arrêté dans les plaines de l'Arménie, par un lac couvert d'eaux ftagnantes, lui creufa un canal en perçant des rochers, & alors ce lac devenu un fleuve fous le nom d'Araxe, alla fe jetter dans la mer Cafpienne.

On connaît les travaux de l'Hercule Grec, pour deffécher le Pénée & l'Achéloüs.

Eurotas, qui régnait dans les plaines marécageufes de la Laconie, fit creufer un lit au fleuve qui porte fon nom, & jetta ainfi les fondemens de la grande puiffance de Lacédémone.

A mefure que les eaux ftagnantes des plaines de l'Afie commencèrent à fe deffécher, les pères des nations exiſtantes deſcendirent des flancs de leurs montagnes & fondèrent les anciennes Monarchies.

Un inſulaire du Caucaſe, ſous le nom de l'amphybie Oannès, vint donner une baſe à l'empire Aſſyrien, & un autre prépara dans les gorges de Derbent, la Monarchie de la Perſe. Des colonies ſorties du plateau de la Tartarie, allèrent peupler l'Indoſtan & la Chine; de la croupe du Liban & de l'Anti-Liban, partirent les Phéniciens pour conquérir la mer & reconnaître la ſurface du globe.

Pendant ce tems l'Afrique ſe découvrait du côté du nord; car la partie du midi, depuis l'équateur juſqu'au cap de Bonne-Eſpérance, formée en général de terres très-baſſes, a dû être encore long-tems

le domaine de l'Océan Atlanti-
que (a).

L'Ethyopie, qui possède dans
son sein les sources du Nil, & par
conséquent une des régions les plus
élevées de l'Afrique Septentrionale,
fut le berceau d'une des premières
Monarchies connues. C'est de-là
que sortirent les premiers Législa-

---

(a) Peut-être même que la retraite de la mer
ne date pas, par rapport à cette partie de notre
continent, plus haut que de dix-sept siècles.
Voyez ce qu'en pensait Pomponius Méla dans
son traité *de la Situation du Globe*. Gronovius
dans la superbe édition qu'il a donnée à Leyde
de ce Géographe, a plus fait encore; il a pu-
blié une carte où le monde est représenté dans
l'esprit de Méla, & dans ce monde de Méla,
toute la partie de l'Afrique qui est au-dessous de
l'Ethyopie est dans l'Océan. Voyez cette carte
qui a pour titre : *Orbis terrarum ex mente
Pomponii Mela delineatus*, à la tête du *Mela
Variorum*, édition de 1722.

teurs de cette Egypte orgueilleuse, qui, parvenue au plus haut point de sa splendeur, osa se fabriquer une dynastie de dieux, pour prouver qu'elle n'avait point eu de pères.

Long-tems après que le Nil eut créé l'Egypte, les rivages de l'Afrique qui bordent la Méditerranée, sortirent du sein des eaux, & le Phénicien qui, dominateur des mers, épiait la naissance de toutes les terres nouvelles, se hâta d'y fonder Carthage.

A cette époque, la grande péninsule de l'Asie mineure était déja couverte de nombreuses colonies. Les Syriens y étaient entrés par le continent & les Phéniciens par les côtes. Les Scythes même, sous la conduite d'Acmon, avaient peuplé le Pont & la Cappadoce.

L'Europe eft un pays plus moderne. Son fol n'a point la hauteur des plaines de l'Afie. Les émigrations de fes colonies n'offrent point un problême philofophique à difcuter, comme celle des colonies du mont Caucafe. On y fuit fans peine la filiation des arts qu'elle a adoptés. Il n'y a pas deux mille ans qu'elle était encore couverte de bois immenfes & de vafte marais, comme le continent actuel du nouveau monde.

L'Europe a dû fe peupler par les régions qui l'enchaînent à l'Afie. Auffi l'hiftoire attefte que toutes les émigrations des peuples qui font venus s'y établir, fe font faites du côté de l'Orient. C'eft de-là que font partis les Phéniciens, pour établir des villes fur toutes les côtes de la Méditerranée, & le Scythe devenu Celte, pour inonder les Gaules & l'Allemagne.

C'eft l'Afie mineure qui a en particulier été le berceau de la Grèce, & les grandes villes Grecques fe font vues à leur tour les métropoles de la partie de l'Europe à qui il a été donné d'avoir, avec des loix, des mœurs & des lumières.

Tel était l'état du globe à l'époque à jamais mémorable dont l'hiftoire va nous occuper. Ce tableau philofophique était néceffaire pour fixer nos idées fur celui des peuples connus qui a le plus mérité de l'efpèce humaine.

La Grèce a eu de vaftes Monarchies avant elle, qui ont paru avec diftinction fur le théâtre de l'Afie. Mais ce font fes Ecrivains qui les ont fait connaître ; qui ont tiré leur gloire du néant ou qui ont propagé jufques dans la poftérité le fracas de leur chûte.

A l'époque de fes triomphes, la Grèce a fubjugué une partie de l'Orient, & tenu l'autre en filence ; à celle de fes défaftres, elle a éclairé l'Occident ; ainfi elle intéreffe les Philofophes, foit dans fa grandeur, foit dans fa décadence.

On répète depuis dix-huit cents ans ( fur la foi de Rome ), que Rome n'a jamais eu de rivale. Je ne fais fi je me trompe, mais Athènes eft au moins auffi faite que cette ville fuperbe, pour occuper le burin de l'hiftoire.

Qu'on fonge que Rome ne dut qu'à la majefté des loix d'Athènes, les premiers pas qu'elle fit vers la civilifation ; qu'elle employa à la démence criminelle de conquérir le monde, ces vertus Républicaines que fa rivale fit fervir à fe rendre libre; qu'elle n'eut des arts que lorf- que la Grèce fut fubjuguée, & que fon fiècle d'Augufte n'aurait jamais exifté fans le fiècle d'Alexandre.

Les Grecs cependant n'ont pas, fur tout ce qu'ils ont fait, ouvert & fermé la carrière. Il n'y a pas plus de perfection abfolue dans l'hom- me raffemblé en fociété, que dans l'homme individuel. C'eft une vé- rité que la philofophie doit rappeller, quand la vanité nationale l'oublie.

Les Grecs en ont impofé au genre humain, quand malgré la nouveauté du fol qu'ils habitaient, ils fe font dits un des peuples primitifs. Les inftituteurs du monde ne devaient point fe jouer de fa confiance, en falfifiant les titres de leur généalogie.

Ils ont eu tort de lier les fables facerdotales de la Phénicie & de l'Egypte à leur Mythologie. Qu'avaient-ils befoin de l'intervention des dieux étrangers, quand ils avaient des héros indigènes ? Eft-ce qu'aux yeux de la raifon, Saturne, Ofiris ou l'Hercule Oriental, valent Codrus, Léonidas & Socrate ?

On doit reprocher encore à la Grèce d'avoir cherché à entourer d'ombres myftérieufes les époques antiques, où Tyr apprit à fes flottes l'art de naviger ; où les ruines de Ninive & de Babylone firent germer le génie dans la tête de fes Sculpteurs & de fes Architectes ; où les Indiens, dépofitaires des connaiſſances de l'Athènes Atlante, ouvrirent les portes du ciel à ſes Aſtronomes.

Nous verrons plus en détail dans la ſuite de cette hiſtoire, ce que la Grèce doit au monde primitif, & ce qu'un monde poſtérieur doit à la Grèce. Il ſuffiſait en ce moment d'embraſſer d'une vue générale tous ces grands objets, de diſpoſer l'attention aux évènemens mémorables, qui vont ſe ſuccéder ſans intervalle, & ſur-tout de préparer le lieu de le ſcène, pour qu'on voie ſans confuſion jouer tous les perſonnages.

# HISTOIRE

## DE

## LA GRÈCE.

Depuis le Monde primitif jufqu'à l'époque où nous arrivons, nos regards fixés autour des trônes, ne fe font guères détournés fur les hommes; des Defpotes terribles femblaient avoir envahi toutes les fortes de renommées; ils jouaient tout feuls fur la fcène du monde leurs rôles triftes & fanglants, & tout ce qui entourait le théâtre était une vafte folitude.

La teinte de nos tableaux s'eft un peu ranimée, lorfque nous avons écrit les annales de Carthage ; mais quand cette

République avait des mœurs, des loix & des hommes, elle n'a point trouvé d'Hiftoriens ; les Anciens n'ont parlé d'elle, que quand elle a difputé à Rome l'empire du monde, c'eft-à-dire, quand elle penchait vers fa décadence.

Il n'en eft pas de même de la Grèce. Il exifte des monumens qui nous permettent d'embraffer fon hiftoire depuis fes premiers Légiflateurs, jufqu'au tems où elle reçut des chaînes de Rome, & où elle fe vengea d'elle, en lui donnant fes lumières.

La Grèce, divifée en République, forme fur-tout le tableau le plus impofant qu'on ait fait encore, foit par la majefté de fon ordonnance, foit par la richeffe de fes détails. Comme c'eft l'Hiftoire des individus, on peut l'appeller l'Hiftoire des Hommes par excellence.

# GÉOGRAPHIE GÉNÉRALE

## DE

## LA GRÈCE (a).

LA Géographie d'une nation doit renfermer toutes les époques de son histoire; ainsi nous comprendrons sous le

---

(a) Voici les principaux ouvrages que nous
avons consulté dans nos recherches :

L'*Iliade* d'Homère & sur-tout son *Odyssée*.

Les *Histoires* d'Hérodote, de Thucydide & de
Xénophon.

La *Géographie* de Strabon.

L'*Histoire Naturelle* de Pline.

Le *Traité de la Situation du Monde* de
Pomponius Méla.

Et le *Voyage* de Pausanias.

Parmi les Modernes, nous avons mis à con-
tribution la *Géographie* de Cluvier, le *Voyage*
de Pockoke, l'*Archipel* de Dapper, le *Voyage*

nom de Grèce, non-feulement l'Afie mineure qu'elle a couverte de fes colonies, mais encore la Sicile où elle a dominé, & la Macédoine d'où partirent les Héros qui firent fa conquête.

La pofition de la Grèce était infiniment heureufe ; il femblait que la nature l'eût placée fur les limites des trois parties du monde, pour dominer fur le globe. En effet elle tenait à l'Afie par la grande prefqu'ifle à qui elle en avait donné le nom. La Méditerranée qui baignait fon Archipel, la faifait communiquer à l'Afrique, & fa fituation fur les limites de l'Europe, la rendait la clef de cette partie du monde, qui, malgré fon peu d'antiquité, eft devenue la première de toutes, depuis qu'elle eft le centre des arts & le foyer des lumières.

---

du *Levant* de Tournefort, la *Géographie Ancienne* de Danville, les *Ruines de la Grèce*, le *Voyage Littéraire* de M. Guys & celui de M. le Comte de Choifeul.

Les Grecs ont joué un grand rôle parmi les hommes, & pour ne rien perdre de l'intérèt dramatique qu'ils infpirent, il faut connaître parfaitement le lieu de la fcène; nous allons donc parcourir ces climats célèbres fous la conduite des Homère, des Strabon, des Diodore & des Paufanias, & nous joindrons à l'autorité refpectable de ces Anciens, celle de quelques Modernes diftingués qui les éclairciffent.

Afin de mettre de l'ordre dans notre théorie, nous diviferons la géographie générale de la Grèce en trois parties; l'une renfermera l'Afie mineure, la feconde la Grèce du Continent, & la dernière l'Archipel (*a*).

---

(*a*) On pourrait compter auffi dans l'énumération de diverfes Principautés de la Grèce, fes colonies hors du Continent & de l'Archipel; mais comme ces colonies font prefque toutes en Italie, nous en renvoyons la notice géographique à l'hiftoire de l'ancienne Rome.

## DE L'ASIE MINEURE.

C'eſt par l'Aſie mineure que les Grecs primitifs vinrent peupler d'abord la Grèce du continent, enſuite l'Archipel ; auſſi cette vaſte péninſule conſerva toujours une grande influence dans les affaires générales de la Grèce, & lors même que les ſucceſſeurs de Cyrus, maîtres des Etats qui ſont à ſon centre, la comptèrent au nombre de leurs Satrapies, la liſière maritime qui la borde du côté de la Grèce, reſta toujours couverte de ſes colonies.

L'Aſie mineure ( ainſi appellée par les Géographes du moyen âge, pour la diſtinguer du grand continent de l'Aſie ) eſt cette preſqu'iſle immenſe que l'Euphrate borné en partie à l'Eſt, & qui dans ſes autres dimenſions eſt baignée par la Méditerranée, par la Propontide & par le Pont-Euxin.

Pluſieurs fleuves arroſent cette contrée

heureuse & fertile, tels sont le Sagaris,
qui sort de la Galatie pour se rendre par
la Bithynie dans le Pont-Euxin, l'Hermus & le Méandre, qui ont leur source
dans la Phrygie, & dirigent également
leur cours vers la mer Egée. Ces trois
fleuves ont conservé chez les Turcs une
dénomination qui les fait reconnaître,
à l'exception cependant de l'Hermus, dont
le nom moderne de Sarabat ne rappelle
guères l'étymologie.

Le plus grand des fleuves de l'Asie
mineure est l'Halys, qui tire sa source de
l'Arménie mineure, traverse d'Orient
en Occident tout le nord de la Cappadoce, reçoit dans son sein une rivière
du même nom qui sort du mont Taurus, se replie ensuite vers le nord, &
après de longs circuits, va se jetter dans le
Pont-Euxin. L'Halys se nomme aujour-
d'hui le Zizil-Ermak, ou le fleuve Rouge.

L'Asie mineure est aussi traversée par
plusieurs chaînes de montagnes. Il y en
a une qui s'étend presque des rives du

Pont-Euxin jufques vers l'Euphrate , où elle fe joint aux montagnes de l'Arménie. La plus confidérable eft le Taurus, qui domine fur la Méditerranée par une ligne parallèle à fes côtes, fe voit enfuite coupé par l'Euphrate , & à quelque intervalle de ce fleuve , fe relève pour fe prolonger jufques dans l'Inde. On fait que le Taurus eft une des branches de ce Caucafe, qui forme avec l'Atlas & les Cordillières, la charpente principale du globe.

Le Pont. — Cette contrée eft la première qu'on rencóntre au Nord-Eft, quand on quitte la Colchide. Son nom défigne fans doute fa prolongation le long de la mer; le peuple qui l'habitait était connu originairement fous le nom de Leuco-Syriens, ou de Syriens-Blancs, dénomination qu'il partageait avec les habitans de la Cappadoce.

Les principales villes du Pont étaient Amifus, de fondation Grecque, qui ceffa d'être libre fous un prédéceffeur de Mi-

thridate ; on la nomme aujourd'hui Sam-
foun ; Amafée, patrie de Strabon, qui
a confervé fa dénomination & qui fut
long - tems la Métropole d'un grand
Royaume ; Zéla, maintenant Zéleh, célèbre par une victoire de Céfar fur Phar-
nace ; Comana, qu'il ne faut pas confondre avec une ville du même nom
dans la Cappadoce ; Thémifcire, qu'on a
crue la patrie des Amazones ; & Céra-
fonte, d'où Lucullus fit paffer le cérifier
en Europe.

La ville du Pont, la plus célèbre par
fes révolutions, eft Trébizonde. On croit
que c'était une colonie de Sinope. Ses
fondateurs la bâtirent fur le bord de la
mer, dans la forme d'un quarré-long ;
ce qui lui fit donner par les Grecs le
nom de Trapeze.

Trébizonde, fous les fucceffeurs de Cyrus, paffait pour une ville floriffante ; elle
accueillit dans fes remparts les dix mille ;
mais on voit que ce que dit Xénophon
de fa fplendeur, dérive encore plus de

la vérité hiftorique que de fa reconnaiffance.

Cette ville fut conquife par les Rois
de Pont & tomba au pouvoir de Rome,
à la mort de Mithridate. Les Scythes s'en
emparèrent fous Valérien, & elle paffa
enfuite au pouvoir des Empereurs de
Conftantinople ; le plus haut période de
fa grandeur, eft lorfque les Comnènes y
établirent le fiége d'une Souveraineté,
qui prit le nom d'Empire de Trébizonde.
Cet Etat ne fubfifta que deux fiècles &
demi. Mahomet II s'en empara & en
fit une province Ottomane.

La Cappadoce. — Elle eft féparée du
Pont vers le nord, par une chaîne de
montagnes, & fon union avec l'Arménie
mineure lui permet de s'étendre jufqu'à
l'Euphrate. Il fut un tems où le Pont
lui-même faifait partie de la Cappadoce ;
alors les deux peuples portaient également-
ment le nom de Leuco-Syriens, nom
qui défigne affez leur origine & peut-être
celle de tous les peuples de l'Afie mineure.

Mazaca fut originairement la Métropole de la Cappadoce ; Tibère lui donna dans la suite le nom de Céfarée. Cette ville était fituée au pied de ce mont Argée, du fommet duquel on découvrait à la fois la Méditerranée & le Pont-Euxin. Kaifarieh eft bâtie à quelques diftances de fes ruines.

Néra n'eft connue que par le fiége qu'Eumène y foutint contre Antigone, & Nazianze par la naiffance d'un Père de l'Eglife.

Tyane fut la patrie du célèbre Sophifte Apollonius ; Comana, non moins diftinguée, avait un temple de Bellone, dont le Pontife devenu Souverain, par le filence de la raifon, ne cédait qu'à peine aux Rois de Cappadoce.

Mélitène qui ne fut bâtie que fous Trajan, Sébafte, fimple château fous Mithridate, & Nicopolis, dont Pompée fut le fondateur, font les Métropoles de cette Arménie mineure que la géographie & la politique confondent avec la Cappadoce.

LA GALATIE. — Cet Etat eſt limité à l'Eſt par le Pont & par la Cappadoce; il fut originairement habité par des Grecs; mais environ 270 ans avant l'Ere Vulgaire, des Gaulois connus ſous le nom de Galates, s'en emparèrent & lui donnèrent leur nom. Depuis, le mélange du peuple conquérant & du peuple conquis, a fait donner aux habitans de la Galatie le nom de Gallo-Grecs.

Ancyre, aujourd'hui Angoura, capitale de l'ancienne Galatie, était le chef-lieu des Tectofages. Cette ville fut embellie de divers monumens par Auguſte, & déclarée Métropole de la Galatie par Néron; priſe par les Perſes au ſeptième ſiècle, ſaccagée par les Normands au douzième, elle devint au treizième le lieu de la réſidence des Princes Ottomans. Ce fut près de ſes remparts, que Bajazet fut vaincu & fait priſonnier par Timur. Il ne reſte d'autre monumens à Ancyre que le temple d'Auguſte ; c'eſt un édifice de quatre-vingt-dix pieds de long ſur cinquante de large, preſque tout entier de marbre blanc ; on voit ſur le portique une inſcription célèbre qui contient le ſecond volume qu'Auguſte légua par ſon teſtament aux Veſtales , avec ordre de le graver ſur des lames d'airain , & de le placer au frontiſpice de ſon mauſolée (a). L'inſcription devait être en vingt colonnes , chacune d'environ ſoixante lignes ; on n'en peut lire que la moindre partie, le reſte étant caché par d'autres édifices. Pockoke dit que les lettres ſont d'or ſur un fond de vermillon. Ce qu'il en a tranſcrit n'a aucun intérêt pour les Lecteurs philoſophes.

---

(a) *De tribus voluminibus uno , mandata de funere ſuo complexus eſt : altero indicem rerum à ſe geſtarum ; quam vellet incidi in aneis tabulis quæ ante mauſoleum ſtatuerentur.* Voy. Suéton. *in Vit. Auguſt.*

Peſſinonte, ſans avoir eu·la grandeur d'Ancyre, a eu ſa célébrité, parce qu'elle eſt devenue le centre du culte de Cybèle. La ſtatue de cette divinité était, dit-on, deſcendue du ciel ; du moins Rome le crut ; car une Sibylle s'étant aviſée d'annoncer que le peuple qui s'emparerait de la Cybèle de Peſſinonte deviendrait le maître de Carthage, des Sénateurs Romains vinrent l'enlever pendant la ſeconde guerre Punique, & perſuadèrent à la République qu'elle lui ſervirait de palladium contre l'épée d'Annibal.

Gordium était avant Ancyre la réſidence des Rois des Galates. On ſait que c'eſt dans cette ville qu'Alexandre coupa le nœud gordien. Auguſte releva ſes remparts & lui donna le nom de Juliopolis. Le dommage que leur cauſaient les inondations du fleuve Sangare, fut réparé par Juſtinien.

La Paphlagonie. — Quand on quitte la Galatie, pour ſe rapprocher du Pon-

Euxin, on trouve la Paphlagonie qui s'étend du fleuve Parthenius au fleuve Halys. Cette contrée au tems de la guerre de Troye, était occupée par les Hénètes, dont on croit qu'une colonie a été fonder Venife.

Amaſtris tire ſon nom de la nièce du Darius vaincu par Alexandre, qu'un Grec, tyran d'Héraclée, obtint en mariage. Cette ville, placée avantageuſement dans une péninſule, fut quelque tems la réſidence de ſes Souverains.

On connaît auſſi dans la Paphlagonie Séſame, aujourd'hui Amaſreh, & Gangra qui appartint, dans la ſuite, au Roi des Galates Dejotare.

Sinope, aujourd'hui Simeb, eſt la ville de la Paphlagonie qui a le plus de droits aux crayons du Géographe; on en attribuait la fondation à l'Argonaute Autolycus. Mithridate Eupator, qui y était né, en fit la capitale du Royaume du Pont; elle paſſa de-là aux Romains, & enſuite aux Comnènes,

qui la réunirent à l'Empire de Trébi-
fonde. Les Turcs en font les maîtres
aujourd'hui , & ils ont fait fervir les
marbres & les ftatues mutilées de l'ancien Gymnafe , pour orner leurs cimetières.

Sinope , dans le tems qu'elle était
libre encore , avait une ftatue de Jupiter qui attirait à fes Prêtres beaucoup
d'offrandes , par le grand nombre des
pélérinages. Ptolémée , le premier Roi
de la feconde Monarchie d'Egypte ( je
ne fuis ici que l'interprète de l'immortel
Tacite ) , Ptolémée , dis-je , voulut at-
tirer dans fes Etats cette branche lucra-
tive du commerce ; il gagna , par de
riches préfens , Scydrothémis , qui était
alors Roi de Sinope , & l'engagea à lui
envoyer fon Jupiter. Le petit Prince qui
ne fe croyait pas à l'abri des attentats
de fes Prêtres, fut trois ans à arranger
le départ du dieu, pour qu'il fe fît fans
péril pour le trône. Enfin Jupiter partit,
mais la nuit fon temple tomba , & les

émiffaires de la Cour firent courir le bruit
que Jupiter, pour n'être point enfeveli
fous les décombres, avait pris le parti de
s'embarquer lui-même pour Alexandrie.

LA BITHYNIE. — Cet Etat domine
fur deux mers, fur la Propontide & fur
le Pont-Euxin. Il s'appellait primitivement Bébricie. Des Thyniens & des
Bithyniens, peuples qu'on croit originaires de Thrace, s'en emparèrent &
lui donnèrent le nom de Bithynie.

Prufa, aujourd'hui Burfa, fut la capitale de la Bithynie. Cette ville fituée
au pied du mont Olympe, fut, au rapport de Pline, bâtie par Annibal; elle
ferait même infiniment plus ancienne
encore, s'il fallait en croire une médaille de Caracalla, qui fuppofe qu'Ajax
s'y perça de fon épée. Prufa donna fon
nom à plufieurs Rois connus fous celui de Prufias. Elle devint dans nos tems
modernes, la réfidence des Sultans Ottomans, avant que Mahomet II prît Conftantinople.

Nicée, maintenant Is-nik, eſt célèbre par le Concile que Conſtantin y tint, pour y former le ſymbole de l'Egliſe.

Nicomédie, que les Turcs prononcent Is-nikinid, fondée par un Nicomède, Roi de Bithynie, fut avant Conſtantin, la réſidence de quelques Empereurs de l'Orient.

On croit que c'eſt à Lybiſſa, aujourd'hui Gébiſé, qu'on éleva le tombeau d'Annibal.

Chalcedoine (Kadi-Kévi, ou le bourg de Cadi) domine ſur le boſphore; on l'appellait autrefois *la Ville des Aveugles*; trait de critique contre les Grecs qui n'avaient pas préféré à ſa poſition l'emplacement de Byzance.

La ville de la Bithynie qui mérite le plus de fixer les recherches du Géographe, eſt Héraclée (*a*). Elle était d'ori-

_______________

(*a*) Aujourd'hui Erékli, ſuivant le ſavant Danville, & Penderachi s'il en faut croire

gine Grecque, & une des plus belles
de l'Orient, s'il faut en juger par les
tronçons de colomnes, les antiques infcriptions & les décombres d'édifices de
marbre qui y font amoncelés. L'enceinte
actuelle des remparts eft un ouvrage des
Empereurs Grecs ; pour le Mole, il a
été bâti par les Génois fur les fondemens d'un autre plus ancien, qui met-
tait à couvert du vent du nord les flottes
des Héracliens.

Il y a auprès du golphe au fond duquel la ville eft fituée, un promontoire
Achérufien, d'où, fuivant les fables facerdotales du pays, Hercule avait tiré
Cerbère, le Gardien des enfers. La caverne qui fervait de repaire au monftre
phantaftique, avait, dit-on, deux ftades
de profondeur, & on la montrait encore
du tems de Xénophon. Tournefort, qui
croit plus aux médailles qu'à la raifon,

---

Tournefort, qui a été lui-même fur les ruines
d'Héraclée.

juge par l'exergue d'une ancienne pièce de monnaie, que l'antre du Cerbère a certainement exifté, & que fi on ne le retrouve plus, c'eft qu'il a été abîmé.

La dernière ville diftinguée de la Bithynie eft Bithynium, ou Claudiopolis, patrie d'Antinoüs, le vil favori d'Adrien, que ce Prince fit dieu, après en avoir abufé.

La Mysie. — Cette contrée s'étend vers l'occident, le long de la mer Egée, & au nord le long de la Propontide; ainfi elle domine fur l'Hellefpont (ou mer d'Hellé) que nous nommons aujourd'hui le détroit des Dardanelles.

La Myfie eft très-célèbre dans l'antiquité, parce que c'eft dans fon fein que fe trouve la Troade, le centre du Royaume de Priam.

Troye, ou Ilium, ou Pergame (car les Anciens emploient indifféremment ces trois noms) était la métropole de la Troade, & une des villes les plus floriffantes de l'Afie après Tyr, Suze,

Ninive & Babylone ; on ne connaît ses monumens que par les vers d'Homère ; ce grand homme a donné de la célébrité jufqu'aux torrens du Simoïs & du Scamandre, qui defcendent obfcurément du mont Ida, & que les Turcs dédaigneux n'ont pas même honoré d'un nom.

Troye, après fa deftruction par les Grecs, fut rétablie, mais plus près de la mer qu'elle n'était fous Priam. L'amas de ruines qu'on appelle aujourd'hui Eski-Stamboul, & qui défigne, dit-on, les ruines de l'ancienne Troye, n'eft fur l'emplacement ni de la ville de Priam, ni de la Troye maritime qui lui a fuccédé ; ce font les débris d'une Alexandrie, bâtie par Lyfimaque, & qu'on diftingue des autres villes de ce nom, par le mot de Troas. Cette troifième Troye acquit quelque fplendeur du tems des Romains, & elle eut la fierté de la Troye de Priam, fi elle n'eut pas fa puiffance.

Une Dardanie, ou ville de Dardanus,

qui ne fubfifte plus aujourd'hui, avait été bâtie, non loin de la métropole de l'empire des Troyens ; il eft évident qu'elle a donné fon nom au détroit des Dardanelles.

Affez près de cette ville, était Abydos, placée fur une éminence qui dominait l'embouchure de la Propontide. Cette ville eft célèbre dans l'antiquité par l'audace de Léandre, un de fes citoyens, qui traverfa, dit-on, plufieurs nuits, à la nage, le bras de mer qui le féparait de Seftos, afin d'aller trouver Héro, fon amante. Les tours qu'on voit aujourd'hui fur les pointes de l'Afie & de l'Europe, ne repréfentent pas précifément Abydos & Seftos, & font à quelque diftance de leurs ruines.

Le détroit d'Abydos, au tems de Strabon, n'avait que fept ftades ; c'eft-là que Xerxès fit bâtir fon fameux pont de bateaux, fur lequel paffèrent cinq millions d'efclaves Afiatiques, pour venir fe faire battre par une poignée d'hommes libres en Europe. Comme le détroit aujourd'hui n'a que 375 toifes, il eft évident que la mer s'eft retirée depuis cette époque, & non que Strabon a employé des ftades d'une mefure plus courte, comme l'infinue le Géographe Danville, qui veut toujours que le globe d'aujourd'hui foit deffiné comme le globe d'hier.

A quelque diftance, on rencontre Lampfaque, ville autrefois affez confidérable, & dont un Defpote de la Perfe affigna les revenus, pour payer le vin de la table de Thémiftocle; Parium, ainfi nommée, parce que des infulaires de Paros, unis aux Miléfiens & aux Erythréens, la fondèrent, & qui obtint de grands priviléges des Rois de Pergame de la famille d'Attale; enfin une ville de Priape, qui tirait fa dénomination foit du culte infâme du dieu des jardins, foit du libertinage de fes adorateurs. Lampfaque a gardé fon nom. Parium & la ville de Priape, font aujourd'hui Camanar & Caraboa.

La ville de Priape était peu éloignée du Granique, aujourd'hui Ousvola, torrent descendu du mont Ida, & célèbre par l'expédition d'Alexandre.

Cyzique, qu'on rencontre ensuite, devint peu-à-peu une des villes les plus florissantes de l'Asie, & soutint un siége glorieux contre toutes les forces de Mitridate. Il y a encore un village du même nom bâti sur ses ruines.

Si l'on quitte les frontières de la Mysie, du côté de la Bithynie, pour revenir dans la Troade, on trouve vers les ruines de l'Alexandrie Troyenne, deux villes d'Assus & d'Adramite : toute cette côte & celle qui lui succède vers le midi, fut occupée après le renversement de Troye, par des Grecs Eoliens, & voilà ce qui a fait donner à une partie de la Mysie le nom d'Eolide.

Près de l'embouchure du Caïque, est une ville de Pergame, qu'il ne faut pas confondre avec l'ancienne Troye. La Pergame du Caïque, aujourd'hui Bergamo, fut la métropole d'un Royaume qui joua quelque rôle en Afie, fous les Romains. Il s'éteignit à la mort d'Attale, qui légua fon pays & fes peuples aux conquérans du monde.

Toute cette côte eft bordée de petites ifles que nous ferons connaître ailleurs, parce qu'elles nous femblent moins tenir à l'hiftoire de l'Afie mineure, qu'à celle de l'Archipel.

Quand on pénètre dans l'intérieur des terres, on voit les villes de Scepfis, de Thèbes & de Lyrneffe, dont les ruines même ne fubfiftent plus. C'eft dans la première qu'on découvrit, au fiècle de Strabon, au fond d'une efpèce de caveau fouterrein, le manufcrit unique des ouvrages d'Ariftote.

LA PHRYGIE. — Il eft vraifemblable qu'au tems de la plus grande fplendeur de Troye, ce Royaume embraffait dans fon étendue, la Phrygie. Voilà pourquoi le Chantre immortel d'Enée appelle dans fon Poëme épique fes héros, tantôt

Troyens, tantôt Phrygiens. Il y avait auffi dans la Myfie même, une bande de pays qu'on appellait Phrygie mineure ; ce qui annonce affez la juſteſſe de nos conjectures. Cependant un texte de Strabon tendrait à faire croire que les Phrygiens, Thraces d'origine, formaient un Etat indépendant , & ne donnèrent leur nom à la petite Phrygie, que lorfqu'ils vinrent s'y établir, après le défaſtre de Troye. L'examen de ce problême n'eſt à fa place que dans le cours de cette hiſtoire.

La grande Phrygie embraſſait une vaſte étendue de pays au centre de l'Aſie mineure ; mais comme tous les Etats qui l'avoiſinent ont empiété ſur fon territoire, il eſt affez difficile aujourd'hui de fixer fes limites avec précifion.

Les Rois de Bithynie s'emparèrent , dans le tems de la République Romaine, de toute la partie limitrophe de la Phrygie qui était à leur bienféance. Les Romains, maîtres de la Bithynie , donnèrent ce démembrement aux Rois de Pergame, & dès-lors il prit le nom de Phrygie d'Epictète, ou de Phrygie d'acquisition.

Les Galates, de leur côté, se répandirent dans la partie de la Phrygie adjacente à leur pays, & firent entrer les villes de Gordium & de Pessinonte dans leur territoire.

Les Empereurs Grecs augmentèrent la confusion, en faisant un partage bisarre de la contrée que nous décrivons, en Phrygie Pacatienne, dont Laodicée était le chef-lieu, & en Phrygie Salutaire, qui avait Synnada pour métropole. Cette Phrygie Pacatienne ne renfermait que la lisière occidentale de la grande Phrygie; & la Phrygie Salutaire n'embrassait qu'une partie du nord-est; encore la moitié était-elle enclavée dans le pays des Galates.

Tâchons de dissiper les nuages de cette géographie Phrygienne. Dorylée, aujourd'hui Eskisher, auprès du fleuve Thymbrée; Azanis & Ancyre, qui ne subsistent plus maintenant, paraissent avoir été les villes les plus considérables de la Phrygie d'Epictète.

La Phrygie Pacatienne avait dans son sein le fleuve Méandre, célèbre par les sinuosités de son cours, & non loin de ce fleuve, deux grandes villes de Laodicée & d'Hiérapolis.

Laodicée sur le Lycus, ainsi nommée pour la distinguer de cette foule de Laodicées dont on avait surchargé l'Asie mineure, obscure dans son origine, ne devint célèbre que lorsque Rome en eut fait la conquête ; alors elle se couvrit d'édifices somptueux, que le tems & les Barbares ont en partie respectés : on voit encore son cirque creusé dans la montagne, dans l'étendue de 500 pas de long sur 90 de large ; une de ses extrémités aboutissait à un grand édifice, où Pockoke a trouvé deux colonnes d'un pied & demi de diamètre, qu'il suppose de Jaspe oriental, ce qu'il est également difficile de nier & de croire.

Vis-à-vis Laodicée, font les ruines d'Hiérapolis, ainfi nommée à caufe du grand nombre de temples qu'elle renfermait dans fon enceinte ; c'eft aujourd'hui Pambouk-Kaléfi. On y diftingue une colonnade de cent cinquante pas de long, terminée par un arc de triomphe qui n'eft point dans le bon goût des fiécles de Périclès & d'Augufte. Le théâtre affez bien confervé, eft un des plus beaux de l'Orient. On y entrait par treize portes de marbre blanc très-bien fculptées & chargées de bas-reliefs ; il eft en partie creufé dans la montagne.

Au confluent du Lycus & du Méandre, était une ancienne ville de Coloffe, qui, dans le nom moderne de Chonos, a confervé une partie de fon étymologie. Cybire, Thémifonium & Sagalaffe appartiennent auffi à la Phrygie Pacatienne ; quelques Géographes mettent cependant la dernière de ces places dans la Pifidie.

Synnada était, comme nous l'avons dit, la métropole de la Phrygie Salutaire. Cette ville était renommée par ſes marbres, dont la Rome de Lucullus enrichit ſes édifices.

Le reſte de la Phrygie peut être déſigné par ce qu'on nommait Katake-Caumène, ou le pays brûlé. Ce nom fait alluſion à un tremblement de terre qui arriva ſous Tibère & qui renverſa douze grandes villes de l'Aſie mineure.

Apamée, primitivement Célœne & aujourd'hui Aphiom-Kara-Hiſar, ou le Château-Noir de l'Opium, était une des métropoles du pays brûlé. Cette ville, long-tems floriſſante par ſon commerce, ne le cédait en luxe, je ne dis pas en puiſſance, qu'à la ville d'Epheſe.

Antioche de Piſidie, ainſi nommée parce qu'elle devint dans la ſuite la capitale du pays de ce nom, ſe crut quelque tems la rivale d'Apamée ; on la nomme Aksher, ou la ville Blanche, depuis qu'elle eſt ſous la domination Muſulmane.

On voit encore dans le pays Brûlé,

une pofition mémorable ; c'eft Thymbrée, où fe donna la bataille fanglante
qui renverfa le trône de Créfus & le
fit paffer au reftaurateur de la Monarchie
des Perfes.

Le refte de la Phrygie du côté de
l'Orient, était connu fous le nom de
Lycaonie. On y reconnaît encore ces
monts Lycaoniens, *froids & nuds*, comme les défignaient les Anciens ; les Turcs
les défignent fous la dénomination de
Foudhal-Baba, phantôme de divinité qui
a part à leurs hommages.

Laodicée, qu'on diftinguait des autres
villes de ce nom par l'épithète de *Brûlée*,
& Iconium, étaient les métropoles de
la Lycaonie ; la dernière fur-tout, connue fous le nom de Konieh, dans des
tems poftérieurs, ne perdit rien de fa
fplendeur par la conquête ; elle a été
pendant plufieurs fiècles la réfidence des
Sultans Seljoucides.

La Lydie. — Si on fe rapproche des
limites occidentales de la Phrygie, &

qu'on continue à côtoyer les rivages de la grande presqu'iſle de l'Aſie mineure, on trouve d'abord la Lydie, dont la configuration & l'étendue ſont à peu-près les mêmes que celles de la Myſie.

La Lydie porta auſſi primitivement le nom de Méonie. De plus, environ neuf ſiècles avant l'Ere vulgaire, les côtes dont cette contrée eſt bordée, ayant été occupées par des colonies Ioniennes, toute cette partie maritime en prit le nom d'Ionie.

La métropole de l'Ionie était Ephèſe, une des villes les plus floriſſantes de l'ancien monde. Elle fut bâtie par un fils de Codrus, Roi d'Athènes, à l'embouchure du Cayſtre, aujourd'hui le petit Méandre. Elle conſerva ſa grandeur pendant le cours des beaux ſiècles de la Grèce. Alexandre, qui entra dans ſes remparts après la bataille du Granique, lui laiſſa ſes loix, & ſe contenta d'y établir la Démocratie.

Lyſimaque, un des ſucceſſeurs de ce

Conquérant, ajouta à Ephèfe un quartier
nouveau qu'il appella Arfinoë & qu'il
adoffa à une montagne ; comme les habitans ne s'empreffaient pas à le peupler,
le Prince eut recours à un ftratagême ;
ce fut d'inonder la plaine. Alors une
partie d'Ephèfe fe tranfporta à Arfinoë.

Mithridate , maître d'Ephèfe , y fit
maffacrer en une nuit une quantité de
Romains , qui y vivaient en paix fur
la foi des traités ; cependant la vengeance
de Rome ne tomba que fur Mithridate.

Ephèfe répara , à force d'adulation ,
le crime dont le Roi de Pont l'avait
rendue coupable. Elle éleva des temples
à Rome & à Jules-Céfar, & les Empereurs la protégèrent.

Dans la fuite , cette grande ville fut
faccagée tour-à-tour par les Perfes & par
les Scythes. Tamerlan s'occupa pendant
un mois entier à la piller. Les Mufulmans ne l'épargnèrent pas davantage , &
aujourd'hui ce n'eft plus qu'un monceau
de ruines.

Pockoke, qui a parcouru ces ruines, les livres Grecs à la main, y a trouvé les débris de ſon Gymnaſe, la façade de ſon Théâtre & le plan de ſon Cirque. Quant à ſon temple de Diane, une des merveilles de notre continent, nous nous en occuperons plus en détail dans le cours de cette hiſtoire. Il ſuffit d'obſerver ici que les décombres de ce fameux édifice, ſont connus aujourd'hui ſous le nom d'Aioſoluc, mot qui dérive d'Agio-Théologos, ou le Saint-Théologien ; c'eſt ainſi qu'on appelle, dans le pays, Saint-Jean le fondateur de l'Egliſe d'E-phèſe.

Smyrne, aujourd'hui Iſmir, a été long-tems la rivale d'Ephèſe ; & c'eſt encore, ſous la domination Ottomane, une des plus grandes villes de l'Orient. Elle eſt bâtie au fond d'une baye capable de contenir une flotte formidable, ce qui en fait le centre du commerce du Levant. On attribue ſa fondation à une Amazone, qui lui donna ſon nom. Ses concitoyens fe vantaient, au rapport de Tacite, d'être les premiers, de tous les peuples d'Afie, qui avaient divinifé la ville de Rome ; trait d'adulation dont ne fe feraient pas vanté les concitoyens des Miltiade & des Thémiftocle. Smyrne, fous Caracalla, prit le titre de première ville d'A-fie ; elle l'était peut-être déja fous Strabon. » Smyrne, dit ce favant Géographe, » eft la plus belle ville de l'Afie ; une » partie s'étend fur la croupe de la mon- » tagne & le refte le long de la mer, » vis-à-vis le temple de Cybèle & le » Gymnafe ; fes rues magnifiques font » coupées à angles droits. On y voit des » édifices fuperbes , une bibliothèque » publique & un vafte portique quadran- » gulaire où eft la ftatue d'Homère ; car » les habitans font très-jaloux d'avoir » donné naiffance au Prince des Poètes.

Phocée, fondée par les Athéniens, fe trouvant opprimée par Harpage, un des Généraux de Cyrus, envoya fa jeuneffe floriffante établir une colonie à Marfeille.

Toute cette côte de l'Ionie est féconde en villes du premier rang ; on y voit Cumes, qui donna son nom au golphe qu'elle domine ; Erythrée, fameuse par sa Sibylle ; Colophon & Priene ; toutes ces villes eurent des héros & des sages, dans les beaux siècles de la Grèce, & aujourd'hui on dispute pour savoir où sont leurs ruines.

Il ne faut point oublier ici Clazomène, dont le port, suivant Strabon, avait en face un archipel de huit isles ; ce qui convient très-bien à la position moderne de Vourla. Clazomène, riche & féconde en héros, eut une très-grande part à la guerre du Péloponèse. Les Perses s'en emparèrent & la conservèrent jusqu'à la paix d'Antalcidas. Entre Smyrne & Clazomène, on avait élevé un temple d'Apollon, avec une magnificence moins Grecque qu'Orientale ; Pockoke en a vu les tronçons de colomnes & les statues mutilées dans des cimetières de Musulmans.

Téos, qui lui fuccède, avait un port défendu par un mole qui s'étendait un ftade vers l'Orient ; les infcriptions qu'on voit fur fes ruines, prouvent que, dans fes traités d'alliance, elle traitait d'égale à égale avec les plus puiffantes villes de l'Afie. Théos fe glorifie d'avoir donné naiffance à Anacréon.

C'eft fur cette côte qu'eft le mont Mycale, qu'une défaite fanglante de Xerxès a rendu immortel dans l'efprit des ennemis des Defpotes.

En rentrant dans l'intérieur des terres, on trouve une ville d'Hyrcania, fondée par une colonie d'Hyrcaniens, venus de la mer Cafpienne, fous les fucceffeurs de Cyrus.

Magnefie, fur le Méandre, aujourd'hui Guzelhiffar, ou le beau Château, eft à peu de diftance du mont Thorax, dont la cime eft prefque toujours couverte de neiges. Elle devait fon origine à des Delphiens qui habitaient le mont Didyme, dans la Theffalie. Elle tint un rang parmi les grandes villes de l'Afie mineure ; on voit encore quelques reftes de fon aqueduc, de fon théâtre, & fur-tout de fon temple de Diane, qui, fans avoir la grandeur & la richeffe de celui d'Ephèfe, l'emportait fur lui pour la jufteffe des proportions & la régularité de l'Architecture.

Thyatyre (*a*) n'eft pas moins faite pour fixer nos crayons ; cette ville, l'ancienne Pelopée, porta dans la fuite le nom de Sémiramis. Les Romains, qui s'en emparèrent, lui accordèrent de grands priviléges, & fous l'empire de Caracalla on la regardait comme une des métropoles de l'Afie. Les Antiquaires ont recueilli une quantité prodigieufe de médailles frappées dans fes remparts. On ne peut douter qu'Akhiffar, ou le Château-Blanc, n'ait été bâti fur fes ruines.

Tralles, que Pockoke met dans la

---

(*a*) *Voyage à Magnefie* du Conful Peyffonel.

Carie, mais qui fait sûrement partie de
la Lydie, devait son origine à des Argiens & à des Thraces ; elle devint assez
riche pour cultiver les arts d'agrément.
On peut en juger par son théâtre à cinquante rangs de siéges , dont on voit
encore les décombres. Cette ville était
d'autant plus importante , que la nature
& l'art avaient contribué à la fortifier ;
elle a perdu tout-à-fait sa splendeur,
depuis qu'elle n'est plus que le village
obscur de Sultanhissar. Il en est de même
de Philadelphie, bâtie par un frère d'Eumène , Roi de Pergame ; les Barbares &
les tremblemens de terre se font réunis
à n'en faire qu'un amas de ruines.

Au-dessus de toutes ces villes, il faut
mettre Sardes , assise au pied du mont
Tmolus , & arrosée par les eaux du
Pactole , qui roûle , dit-on , un sable
d'or. Cette Babylone de la Lydie était,
sous Crésus, la capitale d'une vaste Monarchie , qui s'étendait jusqu'au fleuve
Halys. Lorsqu'elle eut été prise par Cy-

rus, les Satrapes Perfes en firent le lieu
de leur réfidence, & elle recommen-
çait à reprendre fon éclat, quand vers
la 69ᵉ Olympiade, les Ioniens s'en emparèrent & la mirent en cendres. On
rebâtit une nouvelle Sardes vers la fin
de la Monarchie des Perfes, & elle fe
maintint jufques fous l'empire de Tibère, où elle fut renverfée par un affreux tremblement de terre, qui caufa
la ruine de douze grandes villes de l'Afie.
Tous ces défaftres devaient engager les
reftes infortunés de fes habitans à chercher une nouvelle patrie ; mais la beauté
de fon ciel, la richeffe de fon fleuve,
la fertilité de fon territoire, engagèrent
les Afiatiques à relever une troifième fois
fes remparts ; le fuccès couronna bientôt
leur perfévérance, & Sardes fe rétablit
au point que dans les médailles des Céfars, on la qualifie de métropole de
l'Afie. C'eft dans Sardes qu'on a découvert la pierre précieufe, appellée
Sardoine. Cette ville célèbre, que Var-

ron nomme une seconde Rome , est aujourd'hui tellement dégradée , qu'on doute si le petit village de Sart est véritablement bâti sur ses ruines.

La Carie. — Le cours du Méandre forme les limites de la Lydie & de la Carie. Les Cariens primitifs étaient regardés comme des Barbares par les Grecs ; on les appelle Lélèges , & on croit que vers le tems de la guerre de Troye , ils quittèrent un canton maritime de la Troade, pour venir s'établir en Carie. Dans des tems postérieurs, des colonies Grecques partagèrent cette contrée avec le peuple primitif.

Milet, située à l'entrée d'un golphe de la mer Egée, était la métropole de la Carie , & une des villes les plus florissantes de l'Asie ; au tems de sa splendeur, elle peupla de ses colonies les rivages de la Propontide & du Pont-Euxin ; elle cultiva aussi les arts , & c'est dans son sein que naquit Thalès , un des premiers Apôtres de la raison en

Europe; malgré tant de célébrité , Milet a été tellement détruite par le tems & les Barbares , qu'il n'y a pas même un hameau fur l'emplacement de fes ruines.

Il ne faut pas confondre, comme font les Grecs modernes , Milet avec Mylafe. Cette dernière , qui eft notre moderne Melaffo , eft à une grande diftance de l'ancienne métropole de la Carie. On y voit quelques débris de fon ancienne grandeur , tels que des pans de murs de fes deux temples de Jupiter, & une fuperbe colomne Corynthienne, avec une infcription en l'honneur de Ménandre ; il y a même un édifice prefqu'entier , dont les Voyageurs philofophes ont admiré l'architecture ; c'eft une petite Bafilique , dédiée à Rome & à Augufte, décorée d'un Portique d'ordre compofite & de trois colonnades d'ordre Ionien. Cette Bafilique , dans le moyen âge, a été convertie en Eglife.

Halicarnaffe , ville d'origine Grecque,

eſt la ſeconde ville de la Carie. Les Rois de cette contrée y faiſaient leur réſidence. C'eſt la patrie d'Hérodote. On s'y rendit long-tems en foule pour admirer le ſuperbe tombeau élevé à Mauſole, par ſon épouſe Artémiſe. Les Chevaliers de Malthe, alors connus ſous le nom de Chevaliers de Rhodes, ont bâti, dans nos tems modernes, un château de Bodroun, ſur les décombres d'Halicarnaſſe.

Les Doriens ayant occupé long-tems la côte méridionale de la Carie, lui donnèrent le nom de Doride, ainſi que celui de golphe Dorien à la mer qui baigne ſes côtes; Cnide, ſi célèbre par ſon temple de Vénus, était le chef-lieu de la Doride.

Si on remonte dans l'intérieur des terres, on trouve au nord de la Carie, une grande ville d'Alabande, fondée par un Alabandus, héros qui n'eſt guères connu que par un texte de Cice-

ron (*a*), quoiqu'on ait fait son apothéofe.
Pockoke a vu fur l'emplacement d'Alabande, les reftes d'un Palais magnifique,
& cependant les colonnes étaient, par
leur fimplicité, inférieures à celles de
l'ordre Tofcan ; le théâtre fubfiftait encore à cette époque, & il n'y avait que
la façade de renverfée. Il faut obferver
que le Savant Anglais eft le feul des
Voyageurs qui ait parlé d'Alabande.

Eski-Sher, ou la vieille Ville, eft un
petit village bâti fur les ruines de l'ancienne Stratonicée, fondée par Strato-
nice, femme d'Antiochus Soter, & qui
joua quelque tems un rôle fous la domination des Rois de Syrie. On y avait
bâti un temple qui appartenait en commun à tous les peuples de la Carie, &
où les villes confédérées tenaient leurs
Etats. C'eft ce qu'on appellait l'affemblée
de la ligue Chryfaoréenne.

---

(a) *De Natura Deorum.*

Alinde, aujourd'hui Arabihiffar, eft à peu de diftance de Stratonicée. Cette ville, fituée fur deux hautes montagnes qu'elle couvrait prefque entièrement de fes édifices, était la réfidence d'une Ada, Reine de Carie, que les Perfes dépouillèrent de fes Etats, & à qui ils ne laiffèrent que fa capitale. Ada, à l'approche d'Alexandre, vint trouver ce héros, flatta fa vanité, l'adopta pour fon fils, lui fit préfent d'Alinde, & en reçut le droit de régner fur toute la Carie.

Il n'y a point de ville diftinguée entre Alinde & Antioche fur le Méandre. Cette dernière, dont Pline parle avec éloge, ne fubfifte plus aujourd'hui que par les débris de fes remparts & de fes aqueducs. C'eft fur ces débris que le fameux rebelle Soley-Bey-Ogle fe laiffa maffacrer en 1739, avec quatre mille de fes complices, par environ quarante Janiffaires.

Aphrodifée, ou la ville de Vénus, exifte encore dans le bourg de Gheira.

On y trouve les ruines du temple de fa divinité tutélaire. Il eft bâti de groffes pierres de taille avec des arches de brique, le tout revêtu originairement de marbre, comme le temple d'Ephèfe.

La Lycie. — Cette contrée environnée de trois côtés par la mer, forme une feconde prefqu'ifle dans la grande prefqu'ifle de l'Afie mineure. Ses habitans avaient un grand nombre de ports; mais contens de s'enrichir par un commerce légitime, ils n'infeftèrent pas, à l'exemple de leurs voifins, la Méditerranée de leurs brigandages.

Telmiffe, aujourd'hui Macri, était une des premières villes de la Lycie; elle avait dans fes temples un grand nombre de devins, qui repaiffaient de fables l'imagination de ceux des Grecs qui tenaient encore à la faibleffe humaine par la crédulité.

Xanthus, la métropole de la Lycie, était fitué fur le fleuve de ce nom, à quelque diftance de la mer. On ne fait rien de fon hiſtoire, & on conjecture qu'Ekſénídé eſt bâtie ſur ſes ruines.

Patare eſt à quelque diſtance de Xanthus. Son oracle avait, du moins dans le pays, la célébrité de celui de Délos, & on diſait qu'Apollon venait, par ſémeſtre, vivifier les deux temples de ſa préſence.

Myre & Limyre font à l'Orient de Patare; la première qui conſerve encore fon nom, fut pendant quelque tems une des métropoles de la Lycie.

Lymire conduit au promontoire ſacré où la chaîne du Taurus prend ſa naiſſance. Les trois petites iſles Chélidoniennes, qui font à peu de diſtance, ont fait donner le nom de cap Kélidoni à ce promontoire.

Olympe & Phaſèle font les dernières places de la Lycie dont l'hiſtoire ſe fouvienne. Des pirates Ciliciens y ayant arboré leurs drapeaux, Servilius Iſauricus, à la tête d'une flotte Romaine, les détruiſit, & termina ainſi leurs brigandages.

LA PAMPHYLIE. — C'eſt la côte maritime qui ſuccède à la Lycie, quand
on s'approche de l'Orient. On trouve
peu de villes diſtinguées dans cette contrée. Perga, maintenant Kata-Hiſar, en
était la métropole. Les autres ſont Attalie, Aſpendus & Side, toutes trois bâties près de la mer, & ſervant de places
d'armes aux pirates. La deſtruction de
ces villes, où les arts ne pénétrèrent jamais, en a anéanti la mémoire.

LA PISIDIE. — Ses limites ne ſe diftinguent qu'avec peine de celles de la
Pamphylie. Tout ce qu'on peut aſſurer,
c'eſt que ſa domination ne s'étendait que
dans l'intérieur des terres.

Termeſſe domine ſur les défilés par
leſquels on entre dans la Milyade, contrée
qu'une géographie arbitraire place tantôt
dans la Lycie & tantôt dans la Piſidie.
Cette Milyade était le centre de la domination d'un peuple ancien, nommé
Solymes, dont l'origine & l'hiſtoire ſont
encore au rang des problêmes.

Le fort de Cremna, aujourd'hui Ké-brinaz, fe trouve au nord de la Pifidie. Il eft placé fur une montagne efcarpée, & Rome y établit une colonie & une garnifon, pour s'affurer de la fidélité de la Province.

Selga était la vraie métropole de la Pifidie. Cette ville, d'origine Lacédé-monienne, fut quelque tems affez puif-fante pour mettre vingt mille citoyens en armes. Elle eft tellement déchue de fa fplendeur, qu'un village même n'a pu la remplacer.

La Pifidie fe trouve terminée au nord-eft par une branche de terre prefque pa-rallèle à la direction du Taurus, & qu'on nomme l'Ifaurie. Ses peuples étaient des brigands que Servilius ne put vaincre qu'en les exterminant. La prife d'Ifaura, leur capitale, entraîna leur ruine entière, & le conquérant, fuivant l'ufage des héros de Rome, ayant détruit ces fléaux de l'Afie mineure, en prit le nom.

La Cilicie. — Cette région, dominée

au nord par la chaîne du Taurus, borde
la mer au midi, dépuis la Pamphylie,
jufqu'à la Syrie. Ses peuples ne commencèrent à faire parler d'eux, que fous
les fuccesseurs d'Alexandre. C'eft alors
qu'ils infeftèrent la mer de leurs brigandages. Peu-à-peu leur puiffance s'accrut
au point de braver les flottes Romaines.
Servilius remporta fur eux quélques victoires qui ne furent point décifives, &
c'eft Pompée qui eut la gloire de les
exterminer.

La partie occidentale de cette contrée,
eft un tiffu de rochers, ce qui lui fit
donner le nom de Cilicie Trachéenne; comme elle touche à l'Ifaurie, les
Empereurs Grecs, dans la fuite, lui en
firent paffer le nom, & c'eft ainfi qu'elle
eft défignée dans les notices de l'empire
d'Orient.

Sélinonte, aujourd'hui Sélenti, fe
voit à l'embouchure du fleuve qui lui
a donné fon nom; on l'appella enfuite
Trajanople, parce que c'eft dans fes

remparts que mourut le célébre Trajan.

Séleucie doit être regardée comme la métropole de la Cilicie Trachéenne. C'eſt maintenant Séleſkeh , & le lieu de la réſidence des Gouverneurs Ottomans.

De la Cilicie Trachéenne , on paſſe dans la Cilicie Champêtre , ainſi nommée à cauſe des plaines riantes qui forment ſon territoire. Son domaine s'étendait juſqu'à une petite iſle Eleuſa , où était la ville opulente de Sébaſte , bâtie par Archélaüs , Roi de Cappadoce.

En remontant , on trouve Soli , ancienne ville Grecque relevée par Pompée , & appellée par reconnaiſſance Pompeyopolis.

Une ville encore plus ancienne était Anchiale, fondée par Sardanapale , & où on trouvait le tombeau de ce Deſpote de l'Aſſyrie , ou du moins ſon cénotaphe.

Tarſe , maintenant Tarſous , eſt la capitale de toute la Cilicie ; elle eſt traverſée par le fleuve Cydnus, où Alexandre fut ſur le point de périr pour avoir voulu s'y baigner. Cette ville devint quelque tems le centre des arts & des connaiſſances humaines, & on y voyait encore des traces de cette première des illuſtrations, ſous le Califat d'Aaron Raſchild, un des plus grands hommes du ſiècle de Charlemagne.

C'eſt à quelque diſtance de Tarſe, que le fleuve Sarus, aujourd'hui le Seihoun, s'ouvre un paſſage au travers de la chaîne du Taurus, & forme ce défilé ſi célèbre que l'antiquité a déſigné ſous le nom de *Pila Cilicia*, ou de portes de la Cilicie.

Sous Théodoſe le jeune, on diviſa la Cilicie en deux départemens. Tarſe reſta la métropole du premier, & on fit capitale du ſecond une ville d'Anazarbe, qui porta auſſi le nom de Céſarée.

C'eſt à peu-près dans le même tems qu'on changea la dénomination de la partie ſeptentrionale de la Cilicie Champêtre, & qu'on en appella la moitié Lycanitis, & l'autre Characène; cette contrée était connue fous le nom de Royaume de Léon, au tems des Croifades.

La dernière ville célèbre de la Cilicie eft Iffus, à l'entrée du golphe de ce nom. C'eft près de fes remparts qu'Alexandre remporta fa grande victoire fur Darius, qui lui fraya les voies à la conquête de l'Orient. Le mont Amanus, non loin de là, forme un défilé par lequel on entre dans la Syrie.

## *DE LA*
## *GRECE DU CONTINENT.*

La Grèce proprement dite, en y comprenant le Péloponèfe, n'a pas plus d'étendue que le Royaume de Naples. C'eft fur ce petit point du globe que les Miltiade & les Léonidas défièrent l'Europe & l'Afie.

Cette partie de la Grèce que nous nommons la Grèce du Continent, renfermait une foule de villes indépendantes qui n'avaient de pouvoir que par le nombre de héros qui habitaient leurs remparts. Jettons un coup-d'œil rapide fur toutes ces Souverainetés. Le charme de leur hiftoire, rend moins fenfible que par-tout ailleurs la féchereffe de cette nomenclature ( *a* ).

La Macédoine. —Cette Monarchie, quoique féparée de la Grèce proprement dite, tient par des nœuds trop indivifibles à l'hiftoire générale de la Grèce, pour en féparer fa géographie.

Cette contrée, renfermée dans fes anciennes limites, était bornée au cou-

---

( *a* ) On ne trouve point la Thrace dans cette notice, parce que cette contrée ne tient que très indirectement à l'hiftoire de la Grèce; les héros de Péloponèfe n'y parurent qu'à divers intervalles, afin de la civilifer. Il nous a paru beaucoup plus méthodique de ne point féparer les Thraces, de tous ces peuples barbares du couchant & du nord du Pont-Euxin, qui, ayant tous la même origine, doivent être rangés par le Peintre dans le même tableau.

chant par l'Illyrie & à l'Orient par la
Thrace. La Dardanie lui fervait de limites au nord & au midi de la Theffalie ; malgré la célébrité de fes Rois ,
il y a un grand nombre de nuages fur
fon ancienne géographie , que la critique moderne a beaucoup de peine à dif-
fiper.

Tout le nord de la Macédoine eft
bordé d'une chaîne de montagnes qui
font fa défenfe. On l'a appellé tantôt
Pœonie & tantôt Pélagonie ; Stobi était
fa métropole.

En defcendant vers le couchant , on
trouve deux petits cantons nommés le
Deuriope & le Lyncefte. La feule ville
confidérable qu'on y voyait était Héraclée.

La Province la plus diftinguée de la
Macédoine s'appellait l'Emathie. On y
rencontrait Edeffe , aujourd'hui Æge ,
ou la ville des Chèvres, qui fut, dans
le premier âge de la Monarchie, le lieu
de la réfidence des Rois ; Bérée, main-

tenant Cara-Veria, qui le difputait à Edeffe en population , & fur-tout la ville royale de Pella , fituée fur un lac qui communiquait par un canal à la mer Egée ; il ne refte plus que quelques ruines, fous le nom de Palatifa, de cette ville , la terreur de l'Europe & de l'A-fie, fous Philippe & Alexandre.

La partie occidentale de la Macédoine fe nommait Piérie ; Pydna, aujourd'hui Kitro, en était la métropole ; c'eft près de fes remparts que fut vaincu Perfée, défaite qui fit paffer fa Monarchie fous la domination Romaine.

Quand on vient à l'orient de la Ma-cédoine, on rencontre une grande con-trée appellée Mygdonie, démembrée de la Thrace, par les Rois prédéceffeurs d'Alexandre. Therme en était la capi-tale. Caffandre fit prendre , dans la fuite, à cette ville le nom de Theffa-onique , fon époufe ; on la connaît au-jourd'hui fous celui de Saloniki, & elle ne paraît point avoir dégénéré de fa grandeur, malgré le defpotifme & le fanatifme des Mufulmans. Pockoke parcourut dans Saloniki, les ruines de l'ancienne Theffalonique, & il y vit avec admiration une magnifique colonnade d'ordre Corynthien, chargée de basreliefs, & un arc de triomphe conftruit avec un goût infini ; ce dernier monument lui parut du fiècle de Marc-Aurèle.

On cite, vers le nord de la Mygdonie, Apollonie, Chalcis, une Ænia, qu'on dit avoir été bâtie par Enée, & une Potidée, placée à l'entrée de la péninfule de Pallene, qui prit, dans la fuite le nom de Caffandria, parce que fes remparts furent relevés par Caffandre, Roi de Macédoine.

Olynthe, à l'orient de Potidée, était à portée, par fa pofition, de faire le commerce de la Grèce par la mer Egée.

On peut remarquer, par la configuration de toute cette partie méridionale de la Macédoine, qu'elle forme

deux petits golphes & trois péninsules.
Les golphes sont le Toronaïque & le
Singitique. Pour les péninsules , nous
avons parlé de celle de Pallène ; l'in-
termédiare est la Sithonie; l'orientale est
cette chaîne du mont Athos, que Xerxès
tenta de percer , & dont un Sculpteur
voulut faire une statue d'Alexandre.

Outre les golphes que nous venons de
citer, la mer Egée étend encore deux
de ses bras dans l'intérieur de la Macédoine ; le plus considérable, qui est
à l'occident, est le golphe Thermaïque ;
l'oriental est appellé Strymonien , à cause
du fleuve Strymon , qui s'y jette par
deux embouchures.

Les principales villes de cette contrée
sont Amphipolis, aujourd'hui Jamboli ;
Philippes, où Brutus & Cassius furent
défaits, & Stagyre, qui n'a de célébrité
que pour avoir été la patrie d'Aristote.

L'Epire. — Cette région , baignée à
l'orient par la mer Ionienne, commence
proprement à la naissance des monts

Acrocérauniens, ainfi nommés à caufe de leur hauteur , qui les expofe à être fouvent frappés de la foudre. La côte qui s'étend de ces montagnes jufqu'au golphe d'Ambracie , s'appella d'abord Chaonie, enfuite Thefprotie. Buthrote, aujourd'hui Butrinto , eft la feule ville remarquable de cette contrée ; elle eft féparée par un détroit de l'ifle des Phéaques d'Homère , qu'on nomma dans la fuite Corcyre. C'eft notre ifle moderne de Corfou.

L'intérieur de l'Epire eft affez peu connu , à l'exception de Dodone, cé-lèbre par le plus ancien des oracles de la Grèce.

Le pays des Moloffes, la première des nations de l'Epire , s'étendait le long du golphe d'Ambracie. Là était la ca-pitale des Etats de Pyrhus , qui avait donné fon nom au golphe qui baignait fes remparts. La fameufe victoire d'Ac-tium fit fonder, fous Augufte , une ville de Nicopolis, dont les priviléges causèrent la décadence de la ville royale d'Ambracie.

Le Pinde, fur le penchant duquel eft la région de l'Athamanie, fépare l'Epire de la Theffalie.

La Thessalie. — Elle eft bornée de trois côtés par des montagnes qui lui fervent de barrières naturelles contre les invafions des conquérans ; l'Olympe limite cette région du côté du nord, le Pinde au couchant, & l'Æta au midi. Le fleuve Pénée traverfe toute la Theffalie d'occident en orient, jufqu'à ce qu'il fe jette dans le golphe Thermaïque, un des bras de la mer Egée.

Six peuples dominateurs femblaient fe partager cette région, les Eftiotes, les Pélafges, les Phthiotes, les Perhœbes, les Dolopes & ceux qui donnèrent leur nom à la Theffalie.

Ce pays, hériffé de montagnes, avait peu de grandes villes dans fon fein ; Lariffe fut une des plus diftinguées, parce qu'elle était le centre de la petite Souveraineté d'Achille.

C'eſt après avoir laiſſé Lariſſe ſur ſa rive droite, que le Pénée ſe reſſerre dans une gorge, entre l'Olympe & l'Oſſa, non loin de cette vallée de Tempé, dont les Poètes Grecs ont fait le paradis terreſtre de l'ancienne Mythologie.

Pharſale, ſur le fleuve Enipée, doit ſa renommée à la victoire de Céſar ſur Pompée, qui amena le renverſement de la République Romaine.

Les autres villes un peu connues ſont Phère, Démétrias, fondée par Démétrius Polyocerte, une Thèbes, qu'il ne faut pas confondre avec celle de la Béotie, & Magneſie, près de laquelle une flotte formidable de Xerxès fut détruite par la tempête.

La Theſſalie s'ouvre vers l'orient à deux golphes de la mer Egée; l'un eſt le golphe Malien, & l'autre le golphe Pélaſgien; dans leur voiſinage eſt le mont Oéta, où on dit que ſe brûla Hercule.

L'Acarnanie. — Si en quittant la Theſſalie, on revient vers la mer Ionienne, on trouve l'Acarnanie, eſpèce de péninſule qui n'eſt ſéparée de l'Epire que par le golphe d'Ambracie. Le côté par lequel elle tient au continent, eſt diviſé de l'Etolie, par le cours du fleuve Achéloüs.

C'eſt à l'extrémité du golphe d'Ambracie, qu'était une ville d'Argos, diſtinguée de la fameuſe patrie d'Agamemnon, par le ſurnom d'Amphiloque; Stratus ſur l'Achéloüs, eſt avec Argos, la ſeule ville qui ait un nom dans l'Acarnanie.

L'Etolie. — Cette région, qui ſuccède à l'Acarnanie, s'étend dans les montagnes, juſqu'aux frontières de la Theſſalie. Ses peuples ont joué un grand rôle en Europe, ſous les derniers Rois de la Macédoine.

Le fleuve Evenus, aujourd'hui Fidari, traverſe l'Etolie dans toute ſa longueur. Calydon, une des grandes villes du pays, était situé vers son embouchure.

Thermes, dans l'intérieur des terres, malgré son titre de métropole, n'est guères connu que par une expédition de Philippe, fils de Démétrius.

LA PHOCIDE. — Ce pays, qui s'étend au midi, le long du golphe de Corynthe, renferme la Phocide propre, la Doride & la Locride.

Les Locriens furent d'abord nommés Ozolæ, c'est-à-dire, *Malé Olentes*, injure fondée sur une tradition fabuleuse, qui voulait que les flèches d'Hercule, trempées dans le sang de l'Hydre de Lerne, ayant été enterrées dans le pays par Philoctète, il s'en exhala une odeur fétide, qui corrompit l'haleine des habitans. Il y avait une branche de ces Locriens qu'on appellait Hespériens ou Occidentaux, pour les distinguer de ceux qui demeuraient vis-à-vis de l'isle d'Eubée, à l'orient de la Phocide.

Naupacte, aujourd'hui Lépante, & Amphisse, maintenant Salone, sont les plus grandes villes de la Locride occidentale.

Opûs se distinguait dans l'autre Locride, mais a laissé un nom bien moins célèbre que le défilé des Thermopyles.

La Doride, qui semble partager les deux Locrides, est un pays de montagnes, où le fleuve Céphise prend naissance. Elatie, dont les ruines mêmes ne subsistent plus, était sa capitale.

La Phocide propre n'a rien de remarquable outre Crissa & Anticyre, que Delphes & le mont Parnasse. Nous aurons occasion, dans l'histoire de la Grèce, de parler souvent de Delphes, centre du culte d'Apollon; il ne subsiste rien aujourd'hui de cette ville florissante & de son temple célèbre. C'est un petit hameau, nommé Castri, qui désigne aujourd'hui l'emplacement de ses ruines.

La Béotie. — Elle succède à la Phocide, & se trouve située entre le détroit de l'Eubée & le golphe de

Corynthe. L'Attique, qui borde cette
contrée au midi, l'empêche d'être une
péninfule.

L'air de la Béotie eft très-épais ; ce
qui vient de la quantité de lacs qui font
entre les gorges de fes montagnes, &
dont les exhalaifons ôtent à l'atmofphère
fa falubrité. La différence de ce fol
d'avec celui de l'Attique fe remarquait,
fuivant les Anciens, dans le génie de
fes habitans. La ftupidité Béotienne avait
paffé en proverbe, & à peine ce jugement des fiècles put-il être infirmé par
la raifon profonde de Plutarque & le
génie d'Epaminondas.

Thèbes, capitale de la Béotie, devait
fa fondation au Phénicien Cadmus. Ce
héros donna même fon nom à la citadelle. Alexandre, détruifit cette ville de
fond en comble, à la réferve de la
maifon de Pindare, & elle ne s'eft jamais entièrement relevée de fes ruines.

L'ancienne Labadée, célèbre par fon
antre de Trophonius, eft aujourd'hui

la ville dominante de la Béotie , & c'eſt d'elle que la contrée a pris le nom de Livadie.

Chéronée , maintenant ſans nom, vit autrefois ſes remparts illuſtrés par deux victoires de Philippe de Macédoine ſur les Grecs , & de Sylla ſur les Généraux de Mithridate , & encore plus par la naiſſance du Philoſophe Plutarque.

Les Anciens parlent ſouvent de l'opulence d'Orchomène , opulence qui avait paſſé en proverbe, & de la grandeur d'Haliarte , ſituée ſur le lac Copaïs, & que Rome renverſa dans la guerre de Macédoine.

Theſpies eſt appuyée ſur l'Hélicon , ce mont renommé que les Turcs ont défiguré ſous la dénomination biſarre de Zagaro-Vouni. Non loin de-là eſt Leuctres, où Epaminondas vainquit Lacédémone, & Platée , où une poignée de Grecs défit l'armée formidable de Mardonius. Platée eſt ſéparée d'Eleuthère par le mont Cytheron, dont le nom , à cauſe des malheurs d'Œdipe, ne fe prononçait fur le théâtre d'Athènes qu'avec attendriffement.

Tanagre était une ville confidérable de la Béotie; ce qu'il faut attribuer en partie à fon heureufe pofition vers l'embouchure de l'Afope.

Le dernier lieu remarquable de la contrée dont la géographie nous occupe, eft le port d'Aulis, où les Grecs s'embarquèrent pour fe rendre devant Troye. Les amateurs du théâtre aiment à y reconnaître le lieu de la fcène où s'exécuta le facrifice d'Iphigénie.

L'Attique. — Son nom dérivait du mot Acté, qui défigne une région bordée par la mer; en effet l'Attique femble ne tenir au Continent que par la Béotie.

Athènes, dont l'éloge eft fait aux yeux de l'enthoufiafte des arts; quand fon nom eft prononcé, était la capitale de l'Attique. Les Grecs modernes la nomment Athéni, & les Turcs Sétines. Quoi-

que située à quelque diftance de la mer,
Athènes avait trois ports, Munychia,
Phalère & le Pirée ; le dernier totalement ifolé, ne communiquait avec la
ville, que par le moyen de deux remparts, qui fe prolongeaient dans une efpace de quarante ftades. Nous avons encore aujourd'hui quelques reftes des monumens fuperbes, que le génie des arts
érigea dans Athènes, & nous les ferons
connaître avec quelques détails dans la
fuite de cette hiftoire ; mais l'homme
de goût doit moins chercher cette ville,
à jamais mémorable, dans fes ruines,
que dans les écrits de fes grands hommes.

En fortant d'Athènes, on trouve Eleu-
fis, aujourd'hui Leffina, où fe célébraient
ces fameux myftères de Cérès, qui ont
tant enrichi les Prêtres, & fait dérai-
fonner les Philofophes.

Les ruines de ce temple de Cérès,
fi révéré des Anciens, que Xerxès lui-
même, tout ennemi qu'il était des dieux

& des hommes, crut devoir le refpec-
ter ; ces ruines, dis-je, fubfiftent encore, mais fi mutilées, que les Voyageurs les plus intelligens, n'ont pu en
deffiner une vue. On voyait dans le
fanctuaire, une ftatue coloffale de marbre blanc d'environ quinze pieds de hauteur, ayant un panier d'épis de bled fur
fa tête & une tête de Médufe fur fa
poitrine. Le bufte fubfifte encore ; fa
draperie eft de bon goût & dans le genre
de la fameufe Flore du Palais Farnèfe.

D'un autre côté eft Marathon, devenu immortel par la victoire de quelques Athéniens libres, fur des millions
de Perfes, que le defpotifme avait rendus
efclaves.

L'Attique va fe terminer prefque en
pointe au promontoire Sunium, appellé
aujourd'hui Capo-Colonni, à caufe de
quelques colonnes encore debout qu'on
y apperçoit, & qui font les reftes d'un
fameux temple érigé en l'honneur de
Minerve.

Au couchant de l'Attique, était une petite contrée nommée Mégaride, tantôt foumife à Athènes & tantôt indépendante. La feule ville diftinguée qu'on y rencontrait, était Mégare, dont les ruines fe voient encore, avec le nom tel qu'il a été donné par l'antiquité.

L'Achaye. — Tout ce qui nous refte à décrire de la Grèce du Continent, était défigné par les Anciens fous le nom générique de Péloponèfe. Ce nom lui venait de Pélops, fils de Tantale, Roi de Phrygie, qui paffait pour y avoir conduit la première colonie. Le Péloponèfe eft une vafte prefqu'ifle, qui ne tient au continent que par l'ifthme de Corynthe. Sa figure échancrée en tout fens, par divers golphes, l'a fait comparer à une feuille d'arbre, & c'eft d'après celle du Mûrier, que le nom moderne de Morée lui eft demeuré.

L'Achaye eft une bande de terre qui s'étend le long du golphe de Corynthe. Elle donna fon nom à la Grèce entiere,

un fiècle & demi avant l'Ere vulgaire ,
lorfque la faible poftérité des Miltiade
& des Léonidas fongea à défendre fa
liberté contre les Romains ; les peuples
confédérés du Péloponèfe ne s'appellèrent alors que la ligue Achéenne , &
c'eft fous le nom d'Achaye que la Grèce
conquife devint une Province Romaine.

L'Achaye commence à l'ifthme qui
joint le Péloponèfe au Continent. Cet
ifthme fe nomme aujourd'hui Hexamili,
parce qu'on évalue fa largeur à fix milles.
Il était autrefois confacré à Neptune, à
caufe des deux mers qu'il domine.

Vers la pointe de l'ifthme , était, dit-
on, le repaire du fameux brigand Sin-
nis. Ce fléau de l'Achaye habitait au
fond d'une forêt, & était d'une force
prodigieufe; quand un malheureux Voyageur venait à s'égarer dans les routes
tortueufes qui conduifaient à fa caverne, il l'attachait par les mains & par les
pieds à des branches de pin qu'il cour-
bait jufqu'à terre , & lorfque ces bran-

ches, par leur élasticité naturelle, re-
tournaient à leur première direction,
elles arrachaient en se relevant les mem-
bres de la victime. Thésée se présenta
devant le brigand, le vainquit & lui fit
subir le même genre de supplice (*a*).

Corynthe, une des plus puissantes villes
de la Grèce & du globe, était dans la
plus heureuse position pour donner des
entraves à la Grèce; maitresse de l'isthme
& par conséquent des mers qu'il com-
mande, elle pouvait intercepter le commerce & circonscrire l'essor de la navigation. Il est probable que c'est dans
cette vue, qu'elle avait construit sur les
deux golphes les ports de Cenchrée, de
Lechée, & qu'elle avait bâti sur la pointe
d'un rocher le fort d'Acro-Corinthe. Cependant on ne voit pas, par l'histoire, que
cette ville ait jamais songé à profiter de sa
position pour être une puissance domi-

---

(*a*) Pausanias, *Corynthiac.*, lib. 2, cap. I.

nante. Son luxe immodéré fauva la Grèce.
Les Romains, au tems de la ligue Achéenne, détruifirent Corynthe de fond en
comble ; Céfar releva fes murs, mais ne
put la peupler d'hommes. Elle tomba
alors pour jamais ; aujourd'hui quelques
maifons font bâties de loin en loin fur
fon emplacement, & quoiqu'elles por-
tent le nom de Corito, le Voyageur
qui les parcourt demande encore où eft
Corynthe.

.. Corynthe avait dans fon fein des monumens fans nombre, avant fon défaftre
fous Mummius ; lorfque Céfar releva
fes murs, elle en conftruifit d'autres.
On voit, par le voyage de Paufanias,
que de fon tems on y admirait le tombeau de Laïs & les temples de Neptune, de Diane, d'Apollon & de Jupiter ; de tous ces édifices, il n'y en a
qu'un feul qui ait échappé à la deftruction, & il faut l'attribuer à la groffeur
de fes colomnes. Les Barbares les ont
trouvées impénétrables à la hache, comme

les pierres monftrueufes des pyramides.

Les huit colomnes de ce temple qu'on voit de fuite, font celles de la façade (*a*) ; celles qui fuivent, & dont les unes font couronnées d'un architrave & les autres feulement de leurs chapiteaux, appartiennent à un des côtés de l'édifice. Ces colomnes, qui font de pierre, ont 22 pieds & demi de haut & fix de diamètre, proportion qui annonce la naiffance de l'architecture, & par conféquent la haute antiquité du monument.

Quoique la Sicyonie ait eu, à une époque très-reculée, fes Monarques, cependant comme elle eft enclavée dans l'Achaye, elle ne peut être foumife à part aux crayons du Géographe ; cette région n'a proprement que deux villes, Phliunte, près du fleuve Afope, & Sicyone, où les Rois du pays avaient établi leur réfidence.

---

(*a*) *Ruines de la Grèce*, tome 2, pag. 28.

Sicyone, l'ancienne Egialée, a joué un grand rôle dans les annales primitives du Péloponèfe. C'eft la première ville connue qui ait été fondée ; dans le tems de fa fplendeur, elle était remplie de ftatues & couverte d'édifices renommés par leur architecture. On en voit la lifte dans le *Voyage de Corinthe* de Paufanias.

Un de fes temples avait un culte fingulier ; au rapport du Voyageur Grec, il n'y avait que deux perfonnes qui avaient droit d'y entrer ; c'était la vierge qui faifait les fonctions de Prêtreffe, & une Sicyonienne mariée, mais obligée de renoncer au plaifir conjugal, qui l'aidait dans les fonctions de fon miniftère. On ne fe douterait pas qu'un temple fi inacceffible à l'amour fût le temple de Vénus.

Cette grande ville changea un grand nombre de fois de maîtres & même de nom ; d'Egialée, elle devint Sicyone fous un de fes derniers Monarques. Plu-

fieurs fiècles après, Démétrius, fils d'Antigone, la rafa, & bâtir fur fes ruines
une ville de Démétriade (*a*). Au fecond
fiècle de notre Ere, un tremblement de
terre affreux la changea en une vafte
folitude (*b*), à laquelle on n'ofait donner même un nom ; aujourd'hui c'eft
un fimple hameau appellé *Bafilica*, où
un petit nombre de familles Turques &
Grecques, traînent leur vie miférable
au fein de l'indigence (*c*).

Non loin de Sicyone, eft le mont
Titan, renommé dans l'antiquité, parce
qu'on croyait que le frère du Soleil y
faifait fa demeure. » Pour moi, dit Pau-
» fanias, je m'imagine que ce Titan était
» un homme appliqué à étudier les fai-
» fons, pour favoir quel degré de cha-
» leur, ou quel afpect du foleil eft né-
» ceffaire pour l'accroiffement de cha-

(*a*) Plutarch. *in Vita Demetrii.*
(*b*) *Paufan.* lib. 2, cap. 7, &c.
(*c*) Voyez *Spon*, pag. 179.

» que fruit & pour fa maturité. Voilà
» ce qui a pu donner lieu à fon titre de
» frère du foleil *a*). — Quand un Voyageur fait de pareilles réflexions, il mérite d'être cru, pour les chofes mêmes
étranges qu'il rapporte.

Le refte de l'Achaye n'a de villes
un peu confidérables que Pellène , fur
les frontières de la Sicyonie ; Ægira ,
Tritæa , Dyme , Patras , & fur-tout
Ægium , où fe tenaient les Etats de la
ligue Achéenne , lorfque la Grèce vint
fe brifer contre la Puiffance Romaine.

L'Argolide. — Cette contrée , à l'o-
rient du Péloponnèfe , eft baignée de trois
côtés par la mer. Son nom lui vient de
la ville d'Argos , une des plus floriffantes
de la Grèce , lorfque l'Europe commençait à ceffer d'être barbare.

Argos avait dans fes temples plufieurs
chef-d'œuvres du beau fiècle de Péri-

---

(*a*) *Corynth.* cap, XI.

cles , tels que le Jupiter Néméen de Lysippe & le Jupiter débonnaire de Policlète. L'occasion de cette dernière statue mérite d'être citée, ne fut-ce que pour tempérer un peu la sécheresse de cette nomenclature.

Dans le tems que Sparte voulait dominer dans le Péloponèse, Argos choisit, pour se défendre de ses invasions, mille citoyens d'élite , dont Brias fut nommé le Général. Brias , devenu despote par la loi, abusa de son pouvoir & se rendit odieux par ses brigandages. Un jour qu'une jeune Argienne était conduite en pompe, de l'autel où on venait de la marier, chez son époux, le tyran eut l'audace de l'arracher des mains de sa mère & de la violer. Cette infortunée, résolue de se venger ou de mourir, attendit la nuit , se glissa dans le palais de Brias , & lui creva les yeux pendant son sommeil. Les satellites du tyran saisirent l'héroïne, mais le peuple la prit sous sa protection. Les Mille accoururent pour préparer le supplice de l'Argienne, les esprits s'aigrirent alors de plus en plus. On en vint aux mains, & les Mille vaincus furent tous massacrés. Le lendemain le peuple impétueux, mais bon, réfléchissant sur tant de sang versé, eut des remords; il songea à expier le crime de cette guerre civile, & commanda la statue de Jupiter débonnaire à Policlète (a).

La décadence d'Argos, fut voisine de l'époque de sa grandeur, & déja Mycènes était la résidence des Rois, lorsqu'Agamemnon vint mettre le siége devant Troye.

On cite dans l'Argolide, Nauplia, qu'on distingue aujourd'hui par l'épithète de Romanie, & qui a donné son nom au golphe Argolique; Ægine, qui eut une marine puissante; Trézène, maintenant Damala, & Castri, nom moderne de l'antique Hermione.

_______________

(a) Pausanias, lib. 2. cap. 20.

Tyrinthe, autre ville célèbre de l'Argolide, dut son nom à un petit-fils de Jupiter, qui, dit-on, jetta les fondemens de ses remparts; ils furent achevés par les Cyclopes. Pausanias dit que les pierres de taille qu'on y employa étaient si énormes, qu'il faudrait deux mulets pour traîner la plus petite (*a*). Ces remparts ont des pans entiers qui subsistent encore. Tyrinthe eut pendant quelques tems des Souverains particuliers, comme nous le verrons dans la suite de cette histoire.

Epidaure est la dernière ville de l'Argolide qui mérite d'être citée. On sait que c'était le centre du culte d'Esculape; il y avait près de la ville, un bois consacré à ce dieu, où on ne laissait ni mourir aucun malade, ni accoucher aucune femme. La statue d'Esculape, ouvrage célèbre de Trasimède, était en partie d'or & en partie d'yvoire; l'Ar-

---

(*a*) Lib. 2, cap. 25.

tifté l'avait placée fur un trône, tenant un fceptre d'une main & appuyant l'autre fur la tête d'un ferpent. Les bas-reliefs repréfentaient ( on ne fait pourquoi ) les exploits un peu phantaftiques des Perfée & des Bellerophon.

Dans le temple même d'Efculape, on voyait un théâtre, ouvrage de Polyclète, qui l'emportait pour les belles proportions de l'architecture, je ne dis pas pour la grandeur, fur ceux qu'on éleva dans Rome au fiècle des Céfars.

On peut auffi, par refpect pour l'ancienne Mythologie, parler de Némée & du lac de Lerne, à caufe du lion & de l'hydre qui y furent tués par Hercule.

L'ARCADIE. — Cette région, fituée à l'occident de l'Argolide, eft au centre du Péloponèfe, & ne communique par aucun côté à la mer. La nature du climat, hériffé de montagnes, mais couvertes d'un humus propre à la végétation, avait déterminé les habitans à la vie paftorale. La poéfie & l'hiftoire fe font réunies à vanter les bergers de l'Arcadie.

C'eft dans ce pays élévé que l'Alphée prend fa fource, pour traverfer enfuite une partie de l'Elide & fe jetter dans la mer au-deffous d'Olympie.

Mantinée, aujourd'hui Trapolizza, eft la première place qu'on rencontre en Arcadie, quand on quitte l'Argolide ; c'eft fous les murs de cette ville, qu'Epaminondas remporta contre les Spartiates, la fameufe victoire où il perdit la vie.

Ces murs de Mantinée étaient originairement de brique crue ; & ce que les fondateurs de la ville regardaient comme fa défenfe la plus fûre, fervit à fa ruine, au tems de la guerre du Péloponèfe. Le Spartiate Agéfipolis, fils de Paufanias, fe préfenta un jour devant cette ville qui fe croyait inexpugnable, détourna le fleuve Ophis, qui la traverfait, & le fit couler le long des remparts, qui fe délayèrent & s'ouvrirent; » car, dit Paufanias, la brique » crue peut foutenir l'effort des ma- » chines de guerre beaucoup mieux » que les pierres les plus dures, qui, » frappées avec violence, éclatent ou fe » défuniffent, mais fous l'eau elle s'a- » mollit & fond comme la cire au fo- » leil (*a*).

Mantinée confervait, parmi fes monumens les plus précieux, un trouppe de Latone & de fes enfans, fait par le fameux Praxitèle.

On peut citer encore Tégée, une Orchomène, qu'il ne faut pas confondre avec celle de Béotie, & Phénée, près du mont Cyllène (*b*), où le Mercure des Grecs prit naiffance.

─────────────────────

(*a*) Lib. 8, cap. 8.

(*b*) Paufanias, lib. 8, cap. 17, dit naïvement qu'*une des merveilles de cette montagne facrée, c'eſt qu'on y voit d'ordinaire des merles blancs.*

Les autres villes un peu confidérables font Hérée, Parhafium, & fur-tout Mégalopolis, qu'Épaminondas fit conftruire fur la frontière de la Laconie, pour fervir de rempart à l'Arcadie.

L'ELIDE. — Elle s'étend le long de la mer Ionienne, jufqu'aux frontières de l'Achaye. Sa partie méridionale était diftinguée par le nom de Triphylie ; c'eft là qu'on voyait Pyle, qui fe vantait d'avoir été la réfidence de ce vieux Neftor, qui joue un fi beau rôle, quoiqu'un peu froid, dans l'Iliade.

Olympie, la ville la plus célèbre de l'Elide, était fituée à quelque diftance de l'embouchure de l'Alphée, ayant Pife en oppofition, fur l'autre rive du fleuve. On fait que c'eft près des remparts d'Olympie, que fe célébraient les jeux Olympiques, honorés du concours de la Grèce, des chants des Poètes Lyriques, & enfuite des hommages de l'univers.

Elis, qui avait donné fon nom à la partie du Péloponèfe que nous décri-

vons, était située au bord d'une efpèce
de torrent qui portait le nom du Pénée
de la Theffalie, & avait le privilége de
préfider aux jeux Olympiques.

» Les Eléens avaient, dit Paufanias,
» une dévotion particulière à Bachus ;
» ils prétendaient que le jour de fa fête
» ce dieu lès honorait de fa préfence,
» & fe trouvait en perfonne au lieu où
» on la célébrait, c'eft-à-dire, à huit
» ftades d'Elis. En effet ce jour-là les
» Prêtres apportent trois bouteilles vuides
» dans fon fanctuaire, & les y laiffent
» en préfence de la multitude ; enfuite
» ils ferment les portes du temple &
» mettent leur cachet fur la ferrure.
» Chacun a droit auffi d'y appofer le
» fien. Le lendemain le peuple revient ;
» lès perfonnes qui doutaient du pro-
» dige, reconnaiffent leur cachet ; on
» entre & on trouve les trois bouteilles
» pleines de vin. Plufieurs Eléens, di-
» gnes de foi, m'ont affuré avoir été
» témoins de la merveille. Pour moi, je

» ne me suis pas trouvé à Elis dans le
» tems des Bachanales ; mais si , sur la
» foi des Grecs , nous croyons au phé-
» nomène des bouteilles , il ne nous
» restera plus qu'à ajouter foi aux contes
» que débitent les Ethyopiens sur leur
» table miraculeuse du soleil (a).

LA MESSENIE. — Elle est baignée d'un
côté par la mer Ionienne , & de l'autre
par le golphe auquel elle a donné son
nom. Messène , sa capitale , aujourd'hui
Mavra-Matia , avait une fameuse citadelle sur le mont Ithome. Pyle ( Nava-
rin ) , Méthone ( Modon ) , & Steni-
clare ( Nisi ) , sont les autres villes un
peu considérables de cette contrée, qui
n'a joué qu'un rôle momentané & presque toujours subalterne dans l'histoire de
la Grèce.

LA LACONIE. — Elle est baignée par
trois des golphes qui pénètrent dans l'in-

---

(a) Lib. VI , cap. 26.

térieur du Péloponèfe ; celui de l'orient s'appelle Argolique ; celui de l'occident eft le golphe de Mefsène, & elle-même donne fon nom au golphe intermédiaire.

L'Eurotas arrofe toute la Laconie ; c'eft le fleuve qu'on nomme aujourd'hui Vafili-Potamo, ou le fleuve royal ; Lacédémone, ou Sparte, était enveloppée de fes eaux, comme fi c'était une péninfule. On fait que cette ville célèbre, pendant plufieurs fiècles, n'eut d'autres remparts que l'Eurotas & la valeur de fes habitans. Ce n'eft plus aujourd'hui qu'un amas de mazures qu'on nomme Paléochori, ou le vieux Bourg; car la ville nouvelle qu'on appelle Mifitra, eft à quelque diftance de la patrie célèbre de Léonidas.

Il refte encore quelques débris du théâtre de Sparte, conftruit à peu-près dans le modèle de celui de Bachus à Athènes. Au-devant on remarque une maffe de briques avec deux tronçons de colonnes, qui défignent peut-être les reftes du tombeau du Roi Paufanias. Mais on ne voit aucune trace de la colomne triomphale fur laquelle le Gouvernement fit graver les noms des trois cents héros qui périrent aux Thermopyles.

On vantait, du tems de Paufanias, fon portique des Perfes. C'était un monument formé des dépouilles de l'armée de Xerxès, & que les fiècles fuivans avaient beaucoup contribué à embéllir; on y voyait refpirer en marbre blanc tous les Généraux de l'armée vaincue, entr'autres Mardonius & Artémife, Reine d'Halicarnaffe. La place publique où on avait érigé le portique des Perfes, dans un âge poftérieur, fut décoré de deux temples, l'un dédié à Céfar & l'autre à Augufte (*a*); ces deux monumens d'efclavage femblaient cependant bien peu faits pour fe trouver en face de trophées, qui rappellaient l'antique valeur

______

(*a*) Lib. 3, cap. xi.

des Lacédémoniens , & fur-tout leur in-
dépendance.

Les compatriotes de Léonidas joi-
gnaient la fuperftition à la valeur : deux
fentimens qui, grace à la faibleffe humaine , ne font point inalliables ; tel
était le principe de leur fameufe ftatue
de Mars enchaînée, qu'ils avaient érigé
fans doute fur le modèle de la Victoire
fans aîles, qu'on voyait à Athènes ; car
les Lacédémoniens s'imaginèrent qu'en
enchaînant Mars, ils l'obligeraient à de-
meurer toujours avec eux , comme les
Athéniens s'étaient perfuadés qu'en cou-
pant les aîles de la Victoire , ils la for-
ceraient à ne point s'envoler hors de
leur territoire (a).

La ftatue la plus célèbre de Sparte ,
était celle de Diane. Le peuple croyait,
( & à cet égard les citoyens les plus
diftingués étaient peuple ), que c'était la
même ftatue qu'Iphigénie avait enlevée

_______________________

(a) *Paufanias ,* lib. 3 , cap. 15.

de la Taurique, quand elle fe fauva de cette contrée barbare avec Orefte, fon frère. Mais comme la Diane de la Taurique était regardée comme une efpèce de Palladium, une foule de peuples difputaient à Sparte, le privilége de la poffléder; tels étaient les Cappadociens, les Lydiens & les Athéniens même. Au refte, cette divinité féroce était honorée à Lacédémone d'un culte digne d'elle; les oracles ayant déclaré que fon autel demandait à être teint de fang humain, on y immola pendant quelque tems des hommes, & le fort feul décidait de la victime. Lycurgue, tout perfuadé qu'il était qu'un peuple guerrier avait befoin d'une légiflation féroce, abolit ces facrifices de Cannibales, & fubftitua à leur place la flagellation de jeunes Spartiates, qui fe pratiquait encore lorfque la Grèce était devenue une Province du monde Romain. La Prêtreffe préfidait à cette cérémonie barbare, & tandis qu'on frappait à coups de verges les jeunes vic-

times , elle tenait entre fes mains la
ftatue de la déeffe , qui était fort petite
& fort légère; mais fi l'exécuteur facré,
foit à caufe de la naiffance de ces enfans , foit à caufe de leur beauté, ral-
lentiffait la violence de fes coups , la
Prêtreffe s'écriait que la ftatue devenait
entre fes mains un fardeau énorme ,
qu'elle ne pouvait plus fupporter. *Tant
il eſt naturel à cette ſtatue d'aimer le ſang
humain! tant elle a laïſſé enraciner chez
elle l'habitude de férocité qu'elle a contrac-
tée chez des Barbares (a)!* Réflexion affez
peu philofophique, qu'on eſt bien étonné
de rencontrer chez un Ecrivain de poids,
tel que Paufanias.

Une feconde ville d'Epidaure , Gythium & Amycla , peuvent encore être
citées par un Hiftorien géographe.

C'eſt entre Gythium & Amycla, qu'on
rencontrait ce fameux étang de Neptune,
où il était défendu de pêcher, fous peine

---

(a) *Paufanias*, lib. 3 , cap. 15.

d'être métamorphosé en poisson (*a*). Les Prêtres du dieu, qui habitaient fur la rive, avaient fans doute imaginé ce conte religieux, pour fe procurer une pêche exclufive.

Vis-à-vis de Gythium, eft cette petite ifle de Cranaë, où Homère dit que Pâris, après avoir enlevé Hélène, jouit pour la première fois de fa conquête. Le temple de Vénus, qu'on voyait au rivage oppofé, avait été bâti en mémoire de cet évènement ; on croyait que l'amant favorifé l'avait élevé lui - même, huit ans après la ruine de Troye.

La Laconie avait deux promontoires fameux, le cap Malée, aujourd'hui Sant-Angelo, & le cap du Ténare, maintenant Matapan. Ce dernier eft couvert par le Taygete, dont la chaîne prolongée vers le nord, fe joint aux montagnes d'Arcadie.

---

(*a*) *Paufanias*, lib. 3 , cap. 21.

## *DE L'ARCHIPEL.*

Il eſt difficile de préſenter à l'eſprit une idée nette de cette foule d'iſles qui compoſent l'Archipel de la Grèce, ſi on ne les claſſe d'une manière qui ſatisfaſſe à la fois l'Hiſtorien & le Géographe. Toutes les diviſions qu'on a données juſqu'ici, étant trop multipliées, ſont inſuffiſantes : il ſemble qu'il n'y en a que deux de néceſſaires. La première claſſe doit renfermer les iſles qui entourent l'Aſie mineure, & la ſeconde, celles qui, ſituées au couchant de la Grèce, ſemblent tenir davantage à la Géographie de l'Europe.

J'entends par l'Archipel de l'Aſie mineure, toutes les iſles ſemées dans les différentes mers qui baignent cette vaſte péninſule, depuis l'extrémité orientale du Pont Euxin, juſqu'à la partie de la Méditerranée qui borde les côtes de la Syrie & de la Phénicie. Le plus grand nombre de ces isles se trouve entre l'Asie mineure & le continent de la Grèce ; voilà pourquoi les anciens les nommaient l'Archipel de la mer Egée.

L'Archipel Grec de l'Europe comprend toutes les isles éparses à l'occident de la Grèce , jusqu'à la Sicile seulement ; car les autres de la Méditerranée, telles que la Corse , la Sardaigne , les Baléares , tiennent à l'histoire de Rome & de Carthage. Les principaux grouppes de ces isles se rencontrant vis-à-vis la côte occidentale du continent de la Grèce , les firent appeller , par les anciens, l'Archipel de la mer Ionienne.

Après cette exposition de la méthode qui va nous servir pour la description des isles Grecques , nous allons commencer notre carrière par le nord de l'Asie mineure qui se trouve baigné par le Pont Euxin.

Les Symplégades. — Les anciens les nommaient aussi les isles Cyanées. Elles sont situées à l'entrée du Bosphore de

Thrace, vis-à-vis le cap que Denys de Byzance appelle le cap d'Ancyre. Elles ne font fameuſes dans l'antiquité, qu'à cauſe du voyage des Argonautes. Aujourd'hui c'eſt un amas d'écueils, féparé de la terre ferme par un petit détroit, qui d'ordinaire eſt à fec dans les calmes. Les Poëtes content que le navire Argo échoua contre les Symplégades, & que fi Minerve ne l'avait pouſſé de la main droite dans la mer, tandis que de la gauche elle s'appuyait contre le rocher, tous les Héros que le vaiſſeau portait dans fon fein, auraient fait naufrage.

Outre ce grouppe d'écueils qu'on nomme les Cyanées d'Aſie, il y en a d'autres vis-à-vis qu'on appelle les Cyanées d'Europe, & qui s'étendent le long des côtes de la Thrace. Le peu de profondeur du détroit fait croire que ces rochers ne tarderont pas à être réunis au continent ; on a élevé fur une des Cyanées Européennes une colomne de marbre de douze pieds de hauteur, ornée d'un chapiteau Corynthien qui fert de fanal aux navigateurs ; ce monument s'appelle la colomne de Pompée , mais l'infcription de la bafe porte qu'elle fut élevée en l'honneur d'Augufte.

Les autres ifles qui bordent la côte du Pont Euxin , méritent encore moins d'être citées que les Symplégades , à moins que l'imagination n'aime à fe repaître de fables futiles, qui ne font liées en rien à la connoiffance de l'efprit humain & à l'hiftoire.

Telle eft une ifle de Chalceritis ou Aria , dont les oifeaux , fuivant Solin , lancent leurs plumes, en forme de dards, contre les étrangers qui veulent y tenter des defcentes.

Les fix qui font à l'embouchure de l'Ifter , ne font guère que des afyles de pêcheurs ; il en eft de même de celles qui bordent l'embouchure de Boryfthêne : parmi les dernières , il en eft une qu'on diftingue , à caufe du tombeau d'Achille.

L'isle Proconèse. — Il y a un grand

nombre de petites isles très-obscures dans la Propontide. La seule qui mérite notre attention, est la Proconèse, adjacente au territoire de Cyzique. On la nomme aujourd'hui Marmara, à cause de ses mines de marbre. C'est de-là aussi qu'est dérivé le nom de mer de Marmara, donné par les Géographes Musulmans à la Propontide.

Le Poète Aristée qui écrivit sur la Théogonie, était originaire de Proconèse. C'était, disent les fables orientales, un Devin célèbre, qui avait le pouvoir de mourir à son gré & de ressusciter.

ARCHIPEL DE THRACE. — Il faut renfermer sous ce nom divers grouppes d'isles qu'on rencontre à l'entrée de l'Hellespont & du côté de la Thrace. Les principales sont Imbros & Samothrace.

L'isle d'Imbros, maintenant Imbro, avait du tems de Pline, soixante-douze milles de circonférence. Elle n'en a pas trente aujourd'hui. La mer qui fait effort fur les côtes, tend journellement à l'engloutir.

Imbros était dédiée à Mercure & aux Cabires, qui font les Dieux de Samothrace. Sa capitale était une ville de fon nom ; aujourd'hui on ne trouve fur toute la furface de l'ifle que quatre villages.

L'ifle de Samothrace, à préfent Samandrachi, s'appellait Samos du tems de la guerre de Troye : une colonie de Thraces qui s'y introduifit dans la fuite, la fit nommer Samothrace.

Ses habitans paffaient pour lancer des flèches avec autant d'adreffe, que les Infulaires des ifles Baléares. L'ordre facerdotal avait un grand crédit parmi eux. Il leur donne le culte des Cabires & des myftères célèbres, où fe firent initier Orphée, Hercule, Agamemnon & Philippe, père d'Alexandre. Ces Cabires & ces myftères étaient originaires de Phénicie.

Zérinthos eft la feule ville connue de Samothrace.

L'isle de Ténédos. — Cette isle qu'Homère a rendue si célèbre, est située vis-à-vis des ruines de l'Alexandrie Troyenne : elle s'appellait originairement Leucophris & Lyrnesse ; Tènes, petit Prince de la Troade, y conduisit une colonie, & lui donna son nom, qu'elle a conservé depuis cette époque.

C'est la plume seule du Chantre de l'Iliade qui a pu donner une existence à Ténédos ; car cette isle, du tems de Strabon, n'avait que 80 stades de circonférence : cependant on y avait bâti une ville d'Æolis & deux ports, qui ne subsistaient déja plus sous Auguste (*a*). Les Turcs les ont remplacés par un Château triangulaire, bâti sur le penchant

---

(*a*) L'Enéïde de Virgile serait-elle ici une autorité ?

. . . . . . *Tenedos, notissima famâ*
*Insula, dives opum, Priami dum regna manebant,*
*Nunc tantum sinus & statio malè fida carinis.*

d'une montagne, qui sert à garantir l'isle de l'invasion des Pirates.

L'ISLE DE LEMNOS. — Elle est à l'occident de Ténédos, & à peu-près dans la même ligne, en s'avançant vers la haute-mer : elle a conservé son nom antique, & ce n'est que du vulgaire des marins qu'elle est connue sous celui de Stalimène. Dapper, d'après des voyageurs de poids, lui donne environ vingt-cinq lieues de circonférence.

L'ancienne Lemnos avait deux villes, Myrina, aujourd'hui Palio-Castro, & Hephœstia ; cette dernière consacrée à Vulcain, était la Métropole.

Un volcan qu'on trouve au centre de l'isle, a fait imaginer aux Poètes Grecs, la Fable des Forges de Lemnos.

Les amateurs du théâtre, savent que ce fut dans l'isle de Lemnos, que les Grecs abandonnèrent Philoctète, blessé par une flèche empoisonnée, en allant à la guerre de Troye.

Pline parle d'un labyrinthe orné de

quarante colomnes qu'on avait bâti dans la même ifle, & qui le difputait en magnificence à celui des Pharaons.

L'ISLE DE LESBOS. — Au Sud-Eft de Lemnos, & en fe rapprochant du continent de l'Afie, on trouve l'ifle de Lesbos, aujourd'hui Mytilin ou Métélin, à caufe de Mytilène fa capitale. Elle paffait dans l'antiquité pour la dernière des fept grandes ifles de la Méditerranée. Elle n'a cependant, fuivant Strabon même, que onze cents ftades de circonférence.

On avait bâti, au rapport de Pline, huit villes dans Lesbos ; mais les unes furent fubmergées par la mer, les autres ruinées par des tremblemens de terre ; & du tems des premiers Céfars, il n'en reftait plus que trois, Erefos, Methymne & Mytilène ; la première n'a pas même laiffé de traces de fes ruines, la feconde eft notre Porto-Pétera ; la dernière a confervé fon nom & fon rang de capitale.

Au tems où tout était Monarchie dans la Grèce, l'isle de Lesbos avait ses Rois. Pittacus, un des sept sages, fut le plus célèbre ; c'est lui qui donna des loix à Mytilène.

Cette isle, dans la suite, devint si puissante, qu'elle équipa seule une flotte de soixante-dix voiles, qu'elle mit en mer pour combattre les Perses.

Mytilène conserve encore des traces de son ancienne splendeur ; on y voit une foule de colomnes de marbre & de granit, des débris de Pérystiles, & beaucoup de médailles. Le Poète Alcée & la fameuse Sapho, avaient pris naissance dans cette ville. Epicure s'y était rendu, pour y former une école de Philosophes.

L'ISLE DE CHIO. — En suivant les côtes de l'Asie mineure, on trouve l'isle de Chio, dans une position parallèle à la Péninsule que forme le golfe de Smyrne. Strabon lui donne 900 stades de circonférence, estimation toujours peu sûre, à caufe de l'inégalité des côtes. Elle a été de tout tems renommée par la fertilité de fon terrein & l'excellen e de fes vins. C'eft encore aujourd'hui un des féjours les plus agréables de l'Archipel.

Les Poëtes ont dit que le nom de cette ifle lui venoit d'une Nymphe Chio, fille de l'Océan. Les Philofophes un peu plus croyables, le dérivent d'un mot Grec qui fignifie neige, à caufe des frimats qui entourent prefqu'en tout tems le fommet de fes montagnes.

Elle avait anciennement une grande ville de Delphinium , avec un port où pouvait mouiller une flotte de 80 vaiffeaux.

La ville de Chio, Métropole de l'ifle, était au rang des douze grandes villes de l'Ionie. A une lieue de fes remparts , & non loin du rivage de la mer, eft une efpèce de baffin de vingt pieds de diamètre, taillé dans le roc, que les Infulaires appellent l'*Ecole d'Homère :*

on prétend que c'eſt ſur ce plateau que le ſublime aveugle raſſemblait ſes diſciples , & leur déclamait les vers de ſon Iliade.

Chio , tantôt libre , tantôt ſoumiſe à ſes Rois , enſuite eſclave des Perſes , tributaire des Lacédémoniens, fut ſaccagée par Mithridate. Rome s'en empara , de-là, elle paſſa ſous le joug de Veniſe , & enfin elle eſt tombée ſous la domination Ottomane.

L'ISLE D'ICARIE. — On la nomme aujourd'hui Nicarie , & elle eſt à l'occident de celle de Samos. Strabon ne lui donnait que 300 ſtades d'enceinte : elle en aurait maintenant un tiers de plus, s'il fallait adhérer aux calculs de Tournefort.

Le nom d'Icarie vient , comme tout le monde ſait , d'Icare, fils de l'Architecte Dédale , qui fit naufrage dans cette mer. Il eſt probable que les aîles de cire , dont l'imagination orientale lui a fait préſent , ne déſignent que les voiles informes du navire, avec lequel il défia les vents & les vagues.

Icarie avait douze villes, & un temple de Diane où on allait en pélerinage.

On parlait aussi de son fanal, destiné à guider les vaisseaux, le long du détroit qui la sépare de Samos.

Cette isle est aujourd'hui la plus pauvre de l'Archipel ; mais les habitans sont les plus fiers des hommes ; car ils se disent tous issus du sang royal des Porphyrogénètes.

L'ISLE DE SAMOS. — Cette isle, à l'orient de celle d'Icarie, n'est séparée que par un petit bras de mer, du continent de l'Asie, auquel elle tenait autrefois : les plus anciens Historiens lui donnent sept cents stades de circuit.

Samos, une des villes de la confédération Ionienne, était la capitale de l'isle : ses remparts furent entourés d'un fossé creusé dans le roc par des captifs de Lesbos. On voyait encore, du tems de

Tournefort , des débris des murailles.
Ils étaient formés de quartiers de marbre , taillés à facettes comme des dia-
mans  On a beaucoup parlé des théâtres
de Samos, de ſes temples & de ſes édifices.

Un des monumens les plus utiles de
Samos, était une digue de vingt toiſes
de hauteur, & de deux cents cinquante
pas de long , qu'on avait conſtruite dans
la mer, pour prévenir ſes ravages.

Un autre non moins prodigieux , était
l'aquéduc de la capitale : il avait fallu,
au rapport d'Hérodote, percer une montagne dans l'étendue de 875 pas. On voit
encore l'entrée de ce ſuperbe ouvrage.

Le temple du Jupiter de Samos , paſ-
ſait encore pour une des merveilles de
la Grèce , à cauſe de la quantité prodigieuſe de tableaux & de ſtatues qu'il
renfermait dans ſon enceinte. Il y avait
en particulier trois coloſſes du célèbre
Myron , portés ſur la même baſe , qu'on
ne voyait qu'avec un ſentiment d'admiration mêlé d'effroi.

Samos donna naiſſance aux Mathématicien Conon, contemporain d'Archimède, & à Pythagore.

L'hiſtoire de cette iſle eſt aſſez importante, pour n'être point confondue dans des notices de Géographe.

L'ISLE DE COS. — Entre cette iſle & celle de Samos, il y en a beaucoup de petites, qui font du nombre de celles qu'on nomme Sporades, d'un mot Grec qui veut dire diſperſé, & dont la moins obſcure eſt celle de Pathmos, où on croit que fut écrit l'Apocalypſe.

L'iſle de Cos, aujourd'hui Stan-Co, eſt au-devant d'Halicarnaſſe : elle avait, du tems de Strabon, environ 550 ſtades de circonférence.

Sa capitale ſe nommait originairement, Aſtypalée. Cô lui ſuccéda ; cette dernière ville fut bâtie, ſuivant Diodore, la troiſième année de la cent troiſième Olympiade.

Hercule ( c'eſt le Héros Grec ) vint, dit-on, dans l'iſle de Cos, la délivra

de la tyrannie du brigand Eurypile, &
lui donna des mœurs & des loix.

Le Médecin Hippocrate, & le Peintre Apelle, prirent naiſſance dans l'iſle de Cos. Ce dernier lui légua ſon chef-d'œuvre de Vénus Anadyomène.

L'ISLE DE RHODES. — Cette iſle, une des plus renommées de tout l'Archipel, & dont les annales tiennent un rang dans l'Hiſtoire des hommes, eſt ſituée à la pointe méridionale de l'Aſie mineure; ce ſont les Phéniciens qui lui ont donné ſon nom : Strabon lui aſſigne 920 ſtades de circonférence.

L'iſle de Rhodes était conſacrée au Soleil; on le prouve par ſes temples, ſes inſcriptions & ſon coloſſe.

Ses trois grandes villes, dans les tems primitifs, étaient Linde, Camyre & Jalyſe; on en attribue la fondation à Tlépolème, fils d'Hercule.

Les habitans de ces trois villes, quittèrent, dit-on, volontairement leur patrie, & vinrent s'établir dans Rhodes, la première année de la quatre-vingt-treizième Olympiade.

Nous verrons dans la suite l'hiftoire des révolutions qu'effuya l'ifle de Rhodes, jufqu'à ce que les Turcs s'en emparèrent. Elle fe glorifie d'avoir été la patrie d'Ariftophane & d'Ariftote.

L'ISLE DE CARPATHE. — Elle eft connue à préfent fous le nom de Scarpento, & les Géographes la mettent au rang des Sporades : c'eft une des plus méridionales de l'Archipel de l'Afie.

On croit que cette ifle fut autrefois affez puiffante, pour avoir fept villes dans fon fein ; ce qui lui avait fait donner dans la langue Grecque, le nom d'Heptapolis. Le judicieux Strabon réduit ce nombre de villes à quatre, & c'eft encore une merveille, puifqu'il ne lui donne que deux cents ftades de circonférence : quoiqu'il en foit, il faut que l'ifle ait eu un moment de fplendeur, puifqu'au fiècle de Périclès, l'Europe entière appella la mer où elle eſt ſituée, mer Carpathienne.

Phiante, ancienne capitale de l'iſle de Carpathe, ne ſubſiſte plus que par quelques décombres d'édifices.

On a fait régner dans Carpathe, le devin Protée, qui abandonna à cet effet, Pallène ſa patrie; & les ſavans à qui ce ſyſtême convenait, ont été puiſer leur autorité dans le quatrième Chant des Géorgiques.

L'ISLE DE CHYPRE. — La dernière iſle qu'on rencontre dans la Méditerranée, quand on ſuit l'alignement de la grande Péninſule de l'Aſie mineure, eſt l'iſle de Chypre. C'eſt auſſi celle dont les annales tiennent le rang le plus diſtingué dans l'Hiſtoire des hommes.

L'iſle de Chypre doit ſon nom, peut-être, à une Princeſſe Cypris, fille de Cinyras, peut-être au mot cypros, qui veut dire cuivre, à cauſe des mines de ce métal qu'elle recèle dans ſon ſein; ſa grande fertilité l'avait fait conſacrer à Vénus, ſymbole ingénieux de la nature , qui féconde les êtres & qui les vivifie.

Elle s'étend en longueur d'occident en orient , depuis le promontoire Acamas , jufqu'au promontoire Dinarète. Le dernier porte aujourd'hui le nom de Cap Saint-André , & l'autre, celui de Cap Saint-Epiphane. Strabon donne à l'ifle entière 3420 ftades de circonférence , & Pline , deux mille pas de plus. Le Géographe de Nubie , qui probablement n'a vu ni Strabon , ni Pline, ni l'ifle de Chypre , prétend qu'il faut feize jours de marche pour en faire le tour.

Au centre de l'ifle eft le mont Olympe , aujourd'hui Santa-Cruce , dont les branches s'étendent en divers fens jufqu'à la mer. Un des fommets de la chaîne de cet Olympe , s'ouvrit fous l'Empire de Titus , & vomit tant de flammes , que plufieurs villes de Chypre furent embrafées (*a*).

---

(*a*) Marian. Scot. *in Titi reb. chron.* lib. 2.

L'ifle de Chypre , peuplée originai-rement par les Phéniciens était , au tems de fa plus grande fplendeur , divifée en neuf Royaumes indépendants , qui avaient chacun leur capitale.

Salamis était la plus grande ville de Chypre : elle fut bâtie par Teucer, fils de Télamon , après la prife de Troye ; mais un tremblement de terre qui fit entrer la mer dans fes remparts , l'ayant renverfée , elle fut relevée au quatrième fiècle de l'Ere vulgaire , fous le nom de Conftance : c'eft la Coftanza de nos voya-geurs modernes.

Amogofte ( ainfi que l'appellent les Grecs Indigènes ) ou Famagoufte , com-me dit le refte de l'Europe , eft main-tenant la capitale de l'ifle de Chypre ; fa fondation ne remonte qu'à la fin du treizième fiècle. Les amateurs des éty-mologies , prétendent cependant qu'Au-gufte en fit tracer le plan , pour perpé-tuer la mémoire de la bataille d'Actium , alors *Fama Augufti ,* ou la renommée d'Augufte aurait fait imaginer le nom de Famagoufte.

L'ancienne Lédra eft devenue notre Nicofie, la réfidence ordinaire des Rois de Chypre de la maifon de Lufignan.

Idalie, Amathonte & Paphos, font trois villes confacrées à Vénus, dans la charmante Mythologie des Grecs, mais qu'on ne connaît plus guères que par les Poëmes qui nous reftent de l'antiquité.

On cite encore, dans l'ifle de Chypre, Curium, Sola, Carpafie, Arfinoë, & une Citium, où naquit Zénon, le Patriarche des plus vertueux des anciens Philofophes.

L'isle d'Eubée. — Il faut maintenant pour fuivre quelqu'ordre dans la divifion de l'Archipel, revenir fur fes pas & décrire les ifles de la mer Egée, qui font plus proches de l'Europe que de l'Afie mineure (*a*).

---

(*a*) On ne parle point de quelques grouppes

Au-devant de la Béotie & de l'Attique, est une bande de terre immense, qui semble séparée, depuis peu de siècles, du continent du Péloponèse. C'est l'Eubée. Le détroit qui la divise de la Grèce est si étroit, qu'on y a jetté un pont. Ce détroit qu'on appelle l'Euripe, a fait naître le nom moderne de l'isle qui, défigurée par le vulgaire des Navigateurs, s'appelle aujourd'hui Négrepont.

Strabon & Pline donnent à l'Eubée, dans sa longueur, douze cents stades ; sa plus grande largeur n'en renferme que cent cinquante.

Chalcis, l'ancienne capitale de l'Eubée, était une des trois villes qui, dans

---

d'isles qui sont situées entre l'Eubée & la Macédoine, dans le détroit de l'Euripe & le long de tous ces golphes qui bordent la partie orientale du Péloponèse ; ce ne sont pour la plupart que des écueils, ou des retraites de Pêcheurs, qui ne méritent pas de fixer les crayons du Géographe.

la politique des Rois de Macédoine,
pouvait fervir à donner des chaînes à
la Grèce; elle était bâtie fur l'Euripe,
& par le moyen d'un pont de deux
arpens, elle communiquait au Péloponèfe; on fait remonter fon origine avant
la guerre de Troye. On croit que c'eft
fur fes ruines, qu'on a élevé la ville moderne de Négrepont.

Erétrie, aujourd'hui Gravalinais, ne
le cédait qu'à Chalcis en grandeur & en
magnificence. C'était une colonie d'A-
thènes, qui fut ruinée par les Perfes.

L'Eubée, dans le tems des fables,
fut habitée par les Titans. Les Dryo-
pes chaffés de l'Epire, vinrent enfuite
s'y établir, ainfi que les Athéniens : à
l'époque où la Grèce fe forma en République, les villes de Chalcis & d'Erétrie fe foumirent à des Ariftocrates,
qui par le laps des tems, devinrent des
Souverains. L'Eubée, après cela, fubit
le joug d'Athènes, des Perfes, des Rois
de Macédoine, & finit par être engloutie

par la puiffance Romaine. Son dernier conquérant a été Mahomet II, le deftructeur de l'Empire d'Orient.

L'ISLE DE SCYROS. —— Cette ifle, la première de ce qu'on nomme l'Archipel des Cyclades, eft à l'orient de l'Eubée, dont elle n'eft éloignée que de fix ou fept lieues; elle n'a guère que foixante-dix milles d'Italie de circonférence.

Cette ifle était renommée, dans l'antiquité, par fes carrières de marbre. Quoique ce ne foit qu'un rocher continu, Lycomède en avait fait un Royaume. C'eft à la Cour de ce petit Prince, qu'Achille fe déguifa en fille, pour faire mentir l'Oracle qui le condamnait à périr au fiége de Troye.

L'ISLE D'ANDROS. —— Elle eft au midi de l'Eubée, & a de circuit environ quatre-vingt milles d'Italie. On voyait dans fon enceinte un temple de Bacchus, célèbre par fa fontaine, qui par un artifice des Prêtres, prenait le goût du vin au mois de Janvier. Sa ville d'Andros est bâtie sur les ruines de l'ancienne capitale. Nous ne parlons ici de la ville d'Andros que sur la foi de Strabon, qui la juge une des plus dignes de remarque de l'Archipel.

L'ISLE DE TINE. — On la voit au-dessous de celle d'Andros. On croit que son nom lui vient d'un certain Tenès, qui en fut le premier habitant ; elle n'a guère plus de trente milles d'Italie de circonférence. Si nous en parlons dans une Histoire des Hommes, c'est à cause d'une grande ville qu'on y avait bâtie, au rapport de Pline, & d'un fameux temple de Neptune, élevé non loin de ses remparts, qui attirait dans l'isle un grand nombre de pélerinages.

L'ISLE DE CÉOS. — A-peu-près dans la même position que l'isle de Tine, mais plus près du Péloponèse, est une isle de Céos, qu'il ne faut pas confondre avec celle de Cos, qui est au-devant d'Halicarnasse. La première, qu'on nomme aujourd'hui Zia, est à peu-près de la grandeur de celle de Tine, & malgré le peu de surface qu'elle préfente à la culture & à l'induftrie humaine, elle avait vu s'élever dans fon fein jufqu'à quatre villes, ce qui lui avait fait donner le nom de Tétrapolis.

Du tems de Pline & de Strabon, il y avait encore deux villes dans Céos, Julis & Carthéa ; Julis a donné naiffance au Poète Simonide, & au Médecin Erafiftrate.

Il fallait que la population de Céos fût très-ancienne, puifqu'on y voyait un petit temple de Minerve, que Neftor y avait bâti au retour de la guerre de Troye.

Strabon & Elien, nous apprennent qu'il y avait une loi dans l'ifle de Céos, qui ordonnait que paffé foixante ans, on avalât une coupe mortelle de ciguë, afin que le refte des habitans eût de quoi vivre. Il eft difficile de croire que l'ifle qui avait adopté une pareille loi, eût affez de citoyens pour fe bâtir quatre villes.

Au midi de Céos, & dans une ligne presque perpendiculaire, sont trois écueils qu'on a honorés du nom d'isles; c'est Cythmus, Sériphe & Siphnus : ils ont cependant encore aujourd'hui un nom ; c'est Thermia, Siphanto & Serpho. Siphnus était, dit-on, très-riche du tems de Cambyse, & le temple de Delphes tirait vanité de la beauté de ses offrandes.

L'ISLE DE MYCONE. — Elle est au midi de celle de Tine, & on lui donne à peu-près la même étendue. Ses trois ports sont peu fréquentés, à cause du voisinage de Délos qui intercepte son commerce. Strabon a écrit que c'était dans cette isle, que se trouvaient enterrés les Centaures, tués par Hercule ; conte qu'il faut mettre avec celui des Titans, ensevelis sous les roches brûlantes du volcan de la Sicile.

L'ISLE DE DÉLOS. — Cet écueil qui, du tems de Pline, n'avait que quinze milles de circuit, & à qui aujourd'hui les Navigateurs n'en donnent que la moitié; cet écueil, dis-je, a paru avec tant de diftinction dans l'hiftoire, que les amateurs des Anciens nous fauront gré de nous y arrêter.

Délos vient d'un mot Grec, qui fignifie fe manifefter, parce que l'ifle de ce nom parut tout d'un coup fur la furface des eaux, foit par l'effet fubit d'un tremblement de terre, foit par la retraite lente & progreffive de la mer; les Poètes anciens, qui expliquaient toujours la Phyfique avec des fables religieufes, prétendaient que Jupiter avait fait naître Délos, pour fervir d'afyle à Latone, qui ne favait où accoucher de Diane & d'Apollon.

Délos était confacrée particulièrement à Apollon, comme Chypre à Vénus, & Rhodes au Soleil.

S'il en faut croire Callimaque (a), il fut un tems où la grande ville de Délos

_______________

(a) *Hymn. fur Délos*, vers 266.

était prefque toute entière bâtie de marbre & de granit, & décorée d'un théâtre, d'un Gymnafe & d'un vafte baffin pour des Naumachies.

Le temple d'Apollon était le plus célèbre de fes monumens; l'Europe entière s'était plu à le décorer; il paffait pour une des fept merveilles du monde. On faifait remonter fa fondation à Erefichton, fils de Cécrops, premier Rôi d'Athènes.

L'infcription du portique de cet édifice était fameufe dans l'antiquité. Elle me femble digne d'Anacréon, fi Anacréon avait été Philofophe. *Il n'exifte rien de plus beau pour l'homme, que la juftice, de plus utile que la fanté, de plus agréable, que la poffeffion du cœur de ce que l'on aime (a).* Un vaiffeau Athénien portait tous les ans dans ce temple les offrandes de la République;

_______________

(a) *Ariftot. Ethic.* lib. 1, cap. 9.

& du moment de son départ jusqu'à son retour, l'exécution de tous les arrêts de mort, était suspendue. C'est à cet antique usage que le genre humain a dû d'avoir gémi trente jours plus tard du supplice de Socrate.

Le temple bâti par Erefichton, fait époque dans l'histoire de l'architecture, parce que c'est le premier où l'on imita la lyre d'Apollon, dans l'ornement qui prit, dans la suite, le nom de Triglyphe. La statue du dieu était colossale ; mais un palmier sacré tomba sur elle & la renversa. On en voit encore aujourd'hui le piédestal ; quant aux ruines du temple, elles présentent l'image du cahos, & si le Dessinateur n'a pu les peindre, l'Historien ne saurait les décrire.

Apollon rendait, dit-on, ses oracles six mois de l'année à Délos, & il allait passer l'autre semestre dans son temple de Patare en Lycie.

Délos avait un Despote du tems de la guerre de Troye, qui réunissait à la fois, dans fes mains, le pouvoir du fceptre & celui du facerdoce.

L'ISLE DE PAROS. — Cette ifle qu'on regardait autrefois comme la plus puiffante des Cyclades, n'a pas cinquante milles d'Italie de circonférence; fes carrières faifaient fon opulence. Le marbre qu'on en tirait était fi eftimé des Anciens, qu'avant qu'il fût devenu commun, on l'enchâffait dans des cercles d'or. Les habitans de Delphes, pour rendre leur temple d'Apollon le plus riche de l'univers, avaient bâti fa façade entière de marbre de Paros.

L'ifle, dans le tems de fa fplendeur, comptait dans fon fein trois villes, dont celle qui portait fon nom était la capitale.

Paréchia, la feule qui fubfifte aujourd'hui, eft bâtie en partie avec les fuperbes ruines de l'antique Paros.

Ce qui contribue le plus à nos yeux à illuftrer l'ifle de Paros, c'eft la découverte du fameux monument de ce nom, qu'on appelle auffi, marbres d'Arondel, ou marbres d'Oxford , monument fans lequel il n'y aurait peut-être point de chronologie.

Un petit détroit fépare Paros de l'écueil d'Antiparos, renommé par fa grotte, où Tournefort crut furprendre la nature, dans le fecret de la végétation des pierres.

L'ISLE DE NAXOS. — Elle eft à l'Orient de celle de Paros , & a une fois plus d'étendue. Sa grande fertilité l'avait fait furnommer des Anciens, la petite Sicile.

On croyait que Bachus avait été nourri dans Naxos ; auffi cette ifle lui était-elle confacrée.

Pelée, père d'Achille, régnait, dit-on, dans cette ifle, au tems de la guerre de Troye.

A l'époque où les Perfes pafsèrent dans l'Archipel, Naxos était une République floriffante qui donnait des loix aux ifles de Paros & d'Andros ; mais fa puiffance éphémère a laiffé peu de traces dans la mémoire des hommes.

Il y a encore quelques petites ifles entre Naxos & l'ifle de Crète ; telles font Milo, où on éleva un tombeau fuperbe à Mnefthée, Roi d'Athènes, qui y avait fait naufrage ; Thera, qui, au rapport de Sénèque, naquit de fon tems dans la mer Egée, & Aftypalée, habitée long-tems par des Cariens fi enthoufiaftes d'Achille, qu'ils en avaient fait · l'apothéofe.

L'ISLE DE CRÈTE. — Cette ifle, la dernière de ce que nous appellons l'Archipel de l'Afie, fe trouve au midi des Cyclades, à peu-près à égale diftance de l'Afie mineure & du Péloponèfe. On l'appelle aujourd'hui ifle de Candie, du nom de fa capitale.

L'ifle de Crète eft au milieu de la Méditerranée, confinant à toutes les mers, & placée par la nature, dit Ariftote, pour avoir l'empire de la Grèce.

Pline, qui admire beaucoup & qui par conféquent exagère, donne à la Crète 589 milles d'Italie de circonférence.

Elle a beaucoup de montagnes dans son sein, dont les plus célèbres à cause de la Mythologie Grecque, sont le Dictys & l'Ida. C'est dans une caverne du Dictys, qu'on prétend que naquit Jupiter.

L'isle de Crète possédait, dit-on, dans son sein, cent villes florissantes; voilà pourquoi Homère l'appelle l'Hécatom-pyle. Cette expression poétique ne doit pas être prise à la lettre. Les principales de ces villes étaient Cnosse, Gortyne & Cydonie.

Cnosse, bâtie par les Curètes & les Corybantes, fut la capitale des Etats de Minos & le lieu de sa résidence. Ses ruines mêmes n'existent plus.

Gortyne, fondée par un Gortys, fils de Rhadamante, fut le théâtre des amours de Jupiter & d'Europe; on montra long-tems le Plane sous lequel le dieu déguisé avait eu les premières faveurs de la Nymphe, & c'est pour cela qu'au rapport de Théophraste, les feuilles de ce Plane ne tombaient jamais (*a*).

On ne fait, à caufe du partage des Hiftoriens, fi c'eft à Cnoffe ou à Gortyne, qu'il faut placer le fameux labyrinte de Dédale.

Cydonie, aujourd'hui la Canée, fut bâtie par les infulaires de Samos, fuivant Hérodote, & par Minos, fuivant Diodore; elle devint peu-à-peu la capitale de toute la Crète. Augufte, maître de tout l'Archipel, laiffa Cydonie au rang des villes libres, en reconnaiffance des fervices qu'elle lui avait rendus dans fa guerre mémorable contre Marc-Antoine.

Candie, aujourd'hui la métropole de la Crète, eft bâtie fur les débris d'une ancienne ville de Candace, relevée fous l'empire de Michel le Bègue, par les Sarrafins.

_______________

(*a*) *Hift. Plantar.* lib. 1.

L'histoire des diverses révolutions de la Crète occupent quelques chapitres dans les annales de la Grèce.

L'ISLE DE CYTHÈRE. — Cette isle, qui touche l'extrémité méridionale du Péloponèse, nous semble la première de ce que nous appellons l'Archipel de l'Europe ; on la nomme aujourd'hui Cérigo, & elle peut avoir soixante milles d'Italie de circonférence.

Cette isle, renommée dans l'antiquité par le culte de Vénus, avait bâti à cette divinité le plus ancien temple qu'on lui connût dans la Grèce ; & ce qui prouve que ce culte, dans les tems primitifs, n'avait rien d'efféminé, c'est que sa statue la représentait, non telle qu'elle parut aux yeux de Pâris, n'ayant pour la couvrir que la ceinture des Graces, mais armée de toutes pièces comme une Amazone (a).

---

(a) Paufan. lib. 3.

Cythère, du tems de Strabon, avait une ville du même nom, qui appartenait en toute souveraineté à Eurycles, Général de Lacédémone.

Près du port qui eſt ſitué au côté oriental, ſont quelques colomnes debout, ſans baſe & ſans chapiteau, qu'on croit les reſtes du palais d'Hélène & de la ville de ſon époux Ménélas.

L'ISLE DE ZACYNTHE. — De la pointe méridionale du Péloponèſe, où eſt ſituée Cythère, juſqu'à la hauteur de l'Elide, où ſe trouve Zacynthe, il y a quelques petites iſles ; mais ce ne ſont pour la plupart que des rochers arides qui ne ſervent qu'à rendre plus épineuſe la nomenclature du Géographe.

L'iſle de Zacynthe, aujourd'hui l'iſle de Zante, eſt un peu moins grande que celle de Cythère ; elle avait une ville aſſez conſidérable qui ſervait d'entrepôt aux Navigateurs de la mer Ionienne ; ce commerce était protégé par une citadelle bâtie ſur le mont Elath, qui ne ſubſiſtait déja plus ſous les premiers Céſars.

Au midi de Zacynthe, on rencontre les écueils des Strophades, que les Poètes d'Athènes & de Rome faiſaient habiter par les Harpyes.

L'ISLE DE CÉPHALÉNIE. — Elle eſt appellée par Homère l'iſle de Same, & ſe trouve à trois ou quatre lieues au nord de Zante; elle peut avoir, ſuivant Richard Pockoke, cent ſoixante & dix milles de circonférence. Same, l'ancienne capitale, ſoutint un ſiége de quatre mois còntre Marcus Fulvius, le conquérant de l'Etolie. La ville de Cranium, ſituée à peu de diſtance, s'étendait ſur la croupe du mont Ænus, où l'on voit encorè quelques débris d'un ancien temple de Jupiter.

C'eſt au nord-eſt de l'iſle de Céphalénie, qu'on voit le petit rocher d'Ithaque, ſi célèbre dans l'antiquité par les voyages d'Ulyſſe & la fidélité conjugale de Pénélope. On appelle aujourd'hui

Ithaque Théaki, & quelquefois la petite Céphalénie.

L'isle de Leucade. —— Elle tenait autrefois au Péloponèfe, & elle en fut féparée par un canal creufé de main d'homme, que les vagues de la mer augmentèrent peu-à-peu, au point que les vaiffeaux de guerre fe permirent d'y naviger. La ville de Leucade, fa métropole, fe trouvait fituée à l'extrémité feptentrionale de l'ifle, & c'eft à l'extrémité méridionale qu'on trouvait ce fameux promontoire de Leucade, d'où les amans fe précipitaient dans la mer, pour éteindre leur flamme. Sainte-Maure, le chef-lieu de l'ifle moderne de Leucade, n'eft point bâtie fur l'emplacement de l'ancienne capitale.

L'isle de Corcyre. —— Cette ifle n'eft féparée que par un petit détroit du Continent de l'Epire, dont elle faifait évidemment partie dans les âges primitifs. C'eft une longue bande de terre qui peut avoir environ douze lieues dans fa plus

grande étendue du midi au feptentrion ;
Homère l'appellait l'ifle des Phéaciens.
Corcyre, la principale de fes villes,
reçut une colonie de Corynthe, & s'accrut de la gloire de fa métropole. La
ville moderne de Corfou, qui a donné
fon nom à l'ifle entière, eft à quelque
diftance de Corcyre.

LA SICILE. — Nous terminerons par
cette grande ifle de la Méditerranée la
defcription de l'Archipel Grec ; car celles
qui fuivent jufqu'au détroit de Gibraltar, tiennent particulièrement à l'hiftoire de Rome & de Carthage.

La Sicile, l'ancienne Sicanie, forme
un triangle prefque équilatéral de 170
lieues de tour, la mefure prife de promontoire en promontoire, non compris
les arcs des golphes, qui augmenteraient
cette étendue d'environ vingt-cinq lieues.

Les trois pointes de la Sicile font
fouvent citées dans l'hiftoire Grecque
& Romaine ; l'une eft le cap Pélore,
aujourd'hui cap de Faro, qui fépare l'ifle,

du continent de l'Italie. La seconde est le promontoire Pachyn, maintenant Passaro, du côté de la mer Ionienne. La dernière pointe s'appellait le promontoire de Lilybée, à présent cap Boeo, & se trouve en regard avec l'Afrique.

La Sicile avait trois langues, comme trois promontoires. Ces langues étaient celles des peuples qui, à divers intervalles y avaient conduit des colonies. La langue primitive était celle des Grecs; les deux autres étaient l'Italique & celle de Carthage.

Lilybée, près du cap de ce nom, devenue ensuite Helvia, & ensuite Marsalla, nom qu'elle conserve dans la Géographie moderne, était à 80 milles de la pointe d'Afrique, & à 120 de Carthage; malgré cette énorme distance, Pline, qui souvent cherche plus à étonner qu'à éclairer, raconte qu'un Sicilien nommé Strabon, découvrait du haut d'un édifice de Lilybée, la flotte de Carthage sortant du port, & en comptait les vaiſſeaux. Lilybée était une des plus fortes places de la Sicile ; ce qui la fit aſſiéger & ſaccager un grand nombre de fois.

Motya , maintenant San-Pantaleo , ville dont la fondation était attribuée à Hercule , était ſituée autrefois dans une péninſule proche de Lilybée ; elle eſt maintenant dans une iſle. Les Phéniciens y envoyèrent de bonne-heure une colonie , qui tourmenta long-tems , par ſes déprédations , les villes du voiſinage.

Des Troyens, ſous le règne de Laomedon , abordèrent ſur cette côte, & y bâtirent une ville d'Egeſte, ou Ségeſte, qui ne ſubſiſte plus.

Drépane , maintenant Trapani, était ſituée au pied du mont Erix , renommé par ſon temple de Vénus. Ce mont Erix avait pris ſon nom d'une ville habitée par les Elymes, antique colonie de Troye, & ſur les ruines de laquelle on a bâti une citadelle de San Giuliano.

Il faudrait ne pas parler de la petite

ville d'Hycéaron, bâtie fur cette côte, quoique la patrie de la Courtifanne Laïs; Hycéaron fut détruite par Nicias, la feconde année de la quatre-vingt-onzième Olympiade.

Panorme, aujourd'hui Palerme, & fous ce dernier nom la capitale de la Sicile moderne, fut fondée par les Phéniciens, & eut dans un âge poftérieur, le titre de colonie Romaine. Les Anciens qualifiaient Panorme de l'épithète d'Heureufe ( Felix ). Cette ville heureufe a été plufieurs fois détruite par les Conquérans, par les inondations & par les tremblemens de terre.

Panorme, au fecond âge de la Sicile, augmenta fa population d'une colonie des habitans de Solonte, chaffée de fes foyers par des Grecs déprédateurs ; on voit fur le mont Catalfano des débris de cette Solonte, fondée par les Phéniciens de Tyr, fuivant Diodore, & par ceux de Carthage, felon Paufanias.

Hymère, conftruite fur les bords du

fleuve de ce nom ( Fiume Grande ) était une des villes les plus florissantes de la Sicile. La Comédie, disent d'anciens critiques, avait pris naissance dans ses remparts ; elle fut détruite de fond en comble par les brigands de Carthage.

A quelque distance d'Hymère, étaient des bains renommés, sous le nom générique de Thermes ; lorsque la ville n'exista plus, les restes de ses habitans cherchèrent un asyle vers ces bains & s'y établirent. Scipion l'Africain protégea cette seconde Hymère, aujourd'hui Termini, & elle acquit, dans la suite, le titre de colonie Romaine.

Mazarum, petite ville sous la dépendance de Sélinonte, & qui s'accrut ensuite des ruines de sa métropole, a donné son nom au val de Mazara ; c'est une des trois divisions modernes de la Sicile.

Sélinonte, fondée par les Syracusains, était une des plus grandes villes de la Sicile, & les ruines sous lesquelles elle eft aujourd'hui enfevelie , donnent la plus haute idée de fa fplendeur primitive. Les murs de Sélinonte ont été le théâtre d'une victoire célèbre de Timoléon fur Carthage.

Les Thermes , ou les bains de Sélinonte , ont eu la deftinée de ceux d'Hymère. La ruine de Sélinonte y releva une ville dégradée , qui avait été bâtie par Dédale , & qui était devenue la patrie d'Agathocle.

Machara , nommée enfuite Héraclée de Minos , par la conquête qu'en fit ce Roi de Crète , eft une des plus anciennes villes de la Sicile , je ne dis pas des plus floriffantes ; on en voit des veftiges près du cap Blanc , non loin d'Ancyre.

Agrigente , l'Acragas des Grecs , & peu éloignée de notre Girgenti , fut fondée par les Ioniens. Les Anciens s'extafient fur la beauté de fes édifices , fur la grandeur de fon luxe & fur fa vafte population. On voit encore les débris de fon temple de Jupiter Olympien , qui pouvait pafler pour une des merveilles de l'ancien monde.

Le mont Ecnome, peu éloigné d'Agrigente, avait fur la cime d'un de fes rochers, le château de Phalaris, où le fameux taureau d'airain était renfermé; les veftiges de cet édifice prouvent qu'il était taillé dans le roc, comme le tombeau d'Amafis en Egypte.

Entelle, au centre de la Sicanie fupérieure, fut une des cinq grandes villes de la Sicile, qui, malgré les victoires de Rome, refta fidelle à Carthage; elle fe maintint jufqu'au règne de Frédéric II, qui la détruifit avec fa citadelle.

A l'embouchure du Gela, on voyait une ville du même nom que ce fleuve, bâtie par une colonie de Gnidiens, de Crétois & de Rhodiens; c'eft la patrie du Mathématicen Euclide. Terra Nuova eft fur l'emplacement de fes ruines.

Nectum, fur une hauteur, au pied de laquelle coule l'Hélorus, ne mérite d'être citée ici que parce qu'elle a donné son nom au val di Noto, dans la géographie moderne de la Sicile.

On comptait, vers la pointe de la Sicile que nous parcourons, trois villes d'Hybla, qui n'étaient distinguées entr'elles que par les épithètes de *major,* de *minor* & de *parva.* La première, située dans l'intérieur des terres, se trouvait déja peuplée du tems de Pausanias. On voit les ruines de la seconde près de Raguse. La dernière n'a été renommée que par son miel, qu'on comparait à celui du mont Hymette.

Léontium, aujourd'hui Lentini, une des plus anciennes villes de la Sicile, était, au siècle de Cicéron, un des greniers de la République Romaine.

Enna se trouvait placée au centre de la Sicile ; cette ville, de fondation Grecque, avait un temple de Cérès très-vanté ; c'est dans ses plaines fécondes que les Poètes placent l'enlèvement de Proserpine.

En se rapprochant de la mer, on trouve le fameux cap Pélore, aujourd'hui capo di Faro; il confine au détroit qui sépare la Sicile de l'Italie; on voit de-là ces petits écueils de Scylla & de Carybde, qui ont tant fait trembler, dans leurs timides navigations, les Enée & les Ulysse. Annibal avait fait placer, sur la pointe du cap Pélore, une statue, à laquelle on a substitué une tour qui sert de phare aux vaisseaux.

Messine, connue d'abord sous le nom de Zancle, est à douze milles du cap; elle reçut, dans son second âge, une colonie de Messéniens, chassés par les Spartiates du Péloponèse; elle n'a conservé de son antique magnificence, que quelques débris de colomnes, dont la plupart sont de granit Egyptien.

De Messine à Tauroménium de Naxe, il y a un grand intervalle, où les Anciens n'avaient laissé que des villages. Cette dernière ville tirait sa dénomination de ce qu'elle avait reçu dans fon fein les reftes de Naxe , qui avaient échappé au défaftre de leur patrie. Les Voyageurs vont encore admirer les débris de fon théâtre & de la vafte enceinte où elle repréfentait des Naumachies.

Catane , conftruite par une colonie de Chalcis, fept ans après la fondation de Syracufe , eft au pied du mont Etna. Ce volcan l'a fouvent bouleverfée ; l'irruption de 1669 n'y laiffa pas un feul édifice entier. Cette ville a donné naiffance à Charondas , le Légiflateur de Thurium.

Quand on a doublé le cap Pélore , on trouve Myles ( Milazzo ) fur l'ifthme de ce nom ; c'était une colonie Grecque, dont la fplendeur fut éclipfée par Tyndaris , ville de fon voifinage.

Argyrium ( San Philippo d'Argyrone ) n'eft connue que pour avoir donné naiffance à Diodore de Sicile.

La capitale de l'ancienne Sicile était

Syracuſe; cette ville, ſuivant la chronique de Paros, fut bâtie dès la cinquième Olympiade, par une colonie de Corynthe, conduite par l'Athénien Archias; elle était diviſée en quatre cités, toutes entourées de remparts, & fortifiées de tours, de diſtance en diſtance. Ortygie, la première des enceintes, était proprement la citadelle de Syracuſe; elle fermait l'entrée du meilleur port de la Sicile. C'eſt-là que coulait la célèbre fontaine d'Aréthuſe. Ortygie eſt la ſeule partie de cette ville immenſe qui ſubſiſte encore. Le reſte ne frappe que par l'appareil impoſant de ſes ruines.

L'Achradine, le ſecond quartier de Syracuſe, s'étendait le long de la mer. C'eſt-là que ſe déployèrent le génie de Marcellus & d'Archimède, l'un dans l'attaque de la ville, & l'autre dans ſa défenſe.

Tycha, auquel on joint Epipole, formait la troiſième enceinte de Syracuſe, & Néapolis la dernière. Proche de Néa-

polis, on voyait un fameux temple d'Hercule & un château de Plémmyrium qui
défendait l'entrée du port, en face de la
pointe d'Ortygie.

Syracufe, dans le tems de fa fplendeur, comptait dans fon fein douze cents
mille habitans, c'eft-à-dire beaucoup
plus qu'il n'y en a aujourd'hui dans la
Sicile entière. Elle fe glorifiait d'avoir
donné naiffance à Théocrite, à Mofchus
& à Archimède.

La géographie de la Sicile renferme
auffi quelques petites ifles qui en dépendent. Telles font celles de Lipare,
confacrées tantôt à Æole & tantôt à
Vulcain. Lipare, qui donna fon nom
à cet Archipel, avait une ville dont
on faifait remonter l'origine avant la
guerre de Troye. Après plufieurs révolutions, elle fut détruite de fond en
comble par Barberouffe, & s'eft mal relevée de fes ruines, malgré la protection
& l'argent de Charles-Quint.

Les ifles Ægades font au couchant de

la Sicile , entre Erix & Lilybée. On
met encore dans la dépendance de cette
ifle célèbre, Gaulos, aujourd'hui Gozzo,
qu'on croit l'Ogygie de Plutarque , habitée par la Nymphe Calypfo, & Mélite,
maintenant Malthe, qui , quoique fondée par les Phéniciens, n'a d'exiftence
dans l'hiftoire , que depuis que les Chevaliers de ce nom y ont établi une petite République, pour fervir de boule-
vard à l'Europe , contre les conquêtes
des Ottomans.

# DES ORIGINES

## DE

## LA GRÈCE.

SI quelque chofe peut confoler notre vanité du néant de nos origines, c'eft que le pays qui a le plus mérité de l'efprit humain, la Grèce, a commencé.

Au refte, comme l'idée d'une origine humaine femblait humilier les inftituteurs du monde, ils n'eurent jamais le courage d'en faire l'aveu. Athènes fe vantait d'avoir été produite auffi-tôt que le Soleil. Les Arcadiens cédaient, il eft vrai, au premier des aftres, mais ils fe difaient antérieurs à la Lune. Pour les Spartiates, moins préfomptueux peut-être, mais tout auffi infenfés, ils fe prétendaient nés du fol même qu'ils habitaient , comme le cèdre de leurs montagnes , ou la rose de leurs jardins *( a )*.

Malheureusement pour l'orgueil des Grecs , l'éloquence muette de la physique s'élevait à chaque instant contre les impostures de leur histoire. On ne pouvait faire un pas dans le Péloponèse sans y découvrir les vestiges récents de la retraite des eaux , & on aurait eu raison de demander aux ancêtres des Platon & des Miltiade , ce que les Ethyopiens demandaient aux habitans du Delta & de l'Heptanomide , c'est-à-dire , où étaient les Grecs , quand la Grèce n'existait pas.

C'était d'abord une tradition immémoriale dans toute l'antiquité , que l'Archipel s'était élevé peu-à-peu au-dessus du niveau de la mer. Pline , le peintre de la nature par excellence , parle d'une

---

*( a ) Pausan.* lib. 3. *Diod. Sicul.* lib. 1 , & *Lucian* de Astron.

époque où treize de ſes iſles furent tout-à-la-fois abandonnées par la Méditerraranée (*a*), & quand on rapproche le texte de cet Ecrivain célèbre, de ceux de Philon & d'Ammien Marcellin, qui lui correſpondent, on reconnaît aiſément que ce grouppe d'iſles ne dut point ſa naiſſance à l'éruption d'un nouveau volcan, comme il arriva en 1707 à l'écueil de Santorin. Ce petit Archipel était auparavant caché ſous les eaux, & la mer en s'abaiſſant le laiſſa à découvert. Délos, qui en faiſait partie, a même porté chez les Grecs le nom de *Pélagia*, ou d'iſle Marine, pour déſigner l'élément qui lui donna naiſſance (*b*).

En général une iſle n'eſt qu'une montagne, dont la baſe eſt au fond des eaux.

---

(*a*) *Hiſtor. Natur.* lib. 2, cap. 87.

(*b*) Le mot de Délos rappelle auſſi le fait que Pline a tiré de l'hiſtoire de la nature ; car *Délos* vient évidemment de *Delein*, qui ſignifie en Grec, *ſe manifeſter*.

Les courans, ces fleuves de la mer dont la direction prefque toujours d'occident en orient, contrarie fon mouvement général, doivent, en accumulant le limon, les fédimens & les lits de coquillages, élever peu-à-peu ces montagnes jufqu'au niveau des vagues. Là le pouvoir des courans ceffe, mais la mer en fe retirant découvre peu-à-peu la cime de ces montagnes, & alors ce font des ifles, qui, à raifon de leur antiquité, augmentent de furface. Telle eft la théorie de la formation de l'Archipel Grec, & en général de tous les Archipels des deux mondes.

Quand une ifle s'élève proche du Continent, cette même action des courans réunie à la retraite lente & graduée des eaux, tend à combler l'intervalle. Alors l'ifle devient une péninfule, & c'eft ainfi que fe font formées l'Arabie, l'Afie mineure, & fur-tout le Péloponèfe.

Il fut donc un tems où le Péloponèfe était environné de tout côté de la Mé-

diterranée, & les Grecs ne l'ignoraient
pas, puifqu'ils lui donnèrent un nom
qui rappellait cet état primitif; on fait
que Péloponèfe fignifie *ifle de Pélops*.
L'hiftoire facrée des Hébreux vient encore confirmer cette croyance univer-
felle des Anciens. Quand Ezéchiel dans
fes invectives éloquentes contre les ty-
rans de Jérufalem, s'occupe à décrire
le luxe dévorant de la ville de Tyr, il
parle de la pourpre qu'on y tranfpor-
tait des *ifles d'Elifchah* (*a*). Or, Elifchah fignifie dans la langue du Prophète,
le Péloponèfe, dont l'Elide qui en fait
partie, a confervé le nom. Les Bochart,
les Fourmont, les Calmet, qui d'ailleurs fe contredifent fur la géographie
des premiers âges, s'accordent tous fur
cette étymologie.

Et quand même l'*Elis* Grec ne ré-
pondrait pas à l'*Elifchah* des Hébreux,
on trouverait encore dans les annales

---

(*a*) Cap. XXVII, verf. 7.

du Péloponèfe des garans de l'authenticité du texte d'Ezéchiel. Cette pourpre
dont parle le Prophête , fe trouvait ,
avec le coquillage qui la renferme , fur
toute la côte de la Laconie ( *a* ). La mer
qui baigne l'Argolide , fourniffait auffi
la fameufe pourpre d'Hermione , fi efti-
mée en Orient , & dont les Rois de
Perfe faifaient des amas prodigieux , non
pour en jouir , mais pour en avoir la
ftérile propriété, comme c'eft l'ufage des
Defpotes (*b*).

Long-tems avant l'ifle du Péloponèfe ,
était née l'ifle de l'Afie mineuré ; ce qui
fe démontre d'abord par l'infpection des
terres, infiniment plus élevées dans tout
ce qui tient à l'Afie , que dans les ré-

---

(*a*) Plin. lib. 9 , cap. 36.

(*b*) Alexandre à la prife de Suze , trouva
dans le tréfor de Darius, le poids de cinq mille
talens de cette pourpre d'Hermione : elle y était
amoncelée depuis 190 ans , & n'avait rien
perdu de fa fplendeur. Plutarch. *in Alexand.*

gions qui dépendent de l'Europe. De plus, l'isthme de Corynthe, par lequel le Péloponèse est lié au Continent, n'est qu'une légère bande de terre récemment formée par les courans de la Méditerranée. Il n'en est pas de même de l'Asie mineure, qui, quoique baignée par trois mers, tient par sa partie orientale à la terre ferme, dans une étendue de plus de quatre-vingt lieues. Combien de siècles, dans l'ordre naturel des choses, n'a-t-il pas fallu pour combler cet intervalle de plus de trois degrés, qui comprend depuis le golphe d'Amisus, jusqu'à la côte de Cilicie ? L'origine de l'Asie mineure se perd donc dans la nuit des tems, tandis qu'il ne faut dater que d'hier la formation de l'isthme du Péloponèse.

Il ne nous reste presqu'aucun monument, des tems primitifs où l'Asie mineure n'était pas encore élevée au rang de péninsule. Nous savons seulement par le plus ancien Historien de la Grèce, que peu de tems avant que l'Atlante Acmon, père d'Ouranos, vint bâtir une ville fur les bords du Thermodon, la Phrygie n'était encore qu'un vafte lac (*a*), refte faible & mal-fain de la diminution graduée des mers. Or, la Phrygie eft précifément au centre de l'Afie mineure, à égale diftance de la Méditerranée & du Pont-Euxin, & puifque cette région élevée, au fiècle d'Acmon fe trouvait fous les eaux, il eft évident qu'à la même époque, tout le refte de l'Afie mineure n'exiftait pour les hommes, que par les pics de fes montagnes.

Après ces confidérations fur l'origine phyfique de la Grèce, il faut jetter un coup-d'œil fur la formation de fes fociétés primitives.

On voit d'abord par notre théorie, que l'Afie mineure a dû être peuplée avant le Péloponèfe, & le Péloponèfe avant l'Archipel.

---

(*a*) *Herod.* lib. 2.

La première idée qui fe préfente, à l'infpection des hautes montagnes de la Sophène & de l'Arménie, qui fervaient fans doute de noyau à l'ifthme de l'Afie mineure, c'eft que cette vafte péninfule a dû recevoir originairement dans fon fein des colonies Affyriennes qui, après s'être établies dans le Pont & dans la Cappadoce, fe feront avancées fuccef-fivement dans les régions intérieures, & auront fini par peupler la Myfie, la Lydie & la Carie, en s'approchant peu-à-peu du Continent de l'Europe.

Mais lorfque l'Afie mineure, d'un amas d'ifles, parvint à l'état de pénin-fule, il y avait déja long-tems que les Syriens, trop refferrés dans la chaîne du Liban & de l'Anti-Liban, éten-daient autour d'eux leurs nombreufes colonies ; l'une d'elles parvint, avant le règne de Ninus, à la frontière orien-tale de l'Afie mineure & y fonda une puiffance connue dans l'hiftoire fous le nom de l'Etat des Leuco-Syriens, ou

des Syriens blancs. Cette dénomination
de Leuco-Syriens , vient fans doute de
ce que vivant à une plus grande diftance
du Tropique , que les péuples du Liban & de l'Anti-Liban , peu-à-peu la
nuance bafanée de leur teint commença
à difparaître. Alors la blancheur de la
colonie fervit à la diftinguer de la métropole. Toute l'antiquité dépofe que ces
Leuco Syriens furent les habitans primitifs du Pont & de la Cappadoce.

Pendant que les Syriens peuplaient le
centre de l'Afie mineure, les Phéniciens
fe répandaient fur fes côtes. Ce peuple
à qui fes navigations hardies avaient
affuré de bonne heure l'empire des mers ,
entra dans la nouvelle péninfule par la
Cilicie; de-là il alla établir des comp-
toirs dans la Pamphylie , doubla la Lycie , domina dans la Carie , tenta de
foumettre la Lydie , & en fe conftrui-
fant des ports le long de la Myfie, s'ouvrit une porte pour entrer dans le Péloponèfe.

Cette filiation d'établiſſemens de la part des Phéniciens, le long des côtes de l'Aſie mineure, répand un grand jour dans le cahos des origines de la Grèce ; car malgré le peu de monumens qui nous reſtent ſur ces tems primitifs, il y a deux faits que le ſcepticiſme ne peut conteſter ; l'un, que les Phéniciens, ont dominé long-tems avant la guerre de Troye, ſur toute cette partie de la Méditerranée, qui s'étend depuis l'iſle de Chypre, juſqu'à l'Archipel ; l'autre, qu'Athènes reçut de ce peuple dominateur, ſes premières connaiſſances dans la Marine, une partie de ſa Mythologie & l'uſage de l'alphabet en caractères.

Toutes ces peuplades Syriennes, Aſſyriennes, Phéniciennes, à force de ſe mêler, ne tardèrent pas à ſe confondre. Alors, de la réunion de tant de colonies, ſe forma une nation qui a laiſſé des traces profondes dans la mémoire des hommes. Cette nation

eſt celle des Pélaſges ; nous allons arrêter un moment ſur elle les crayons
de l'hiſtoire.

# DES PÉLASGES.

Hérodote, Thucydide, Strabon & les meilleurs monumens de l'antiquité s'accordent à faire des Pélafges, les premiers habitans de la Grèce, lorsqu'elle commença à se civilifer ; & c'eft en effet d'eux que vint le nom de *Pélafgie*, fous lequel la haute antiquité connut le Péloponèfe.

Denys d'Halicarnafle, qui, à propos des origines de Rome, raffemble péniblement celles d'une partie du globe, s'étend avec complaifance fur les Pélafges (a). Il les montre fortant du Continent de la Grèce, fous le règne de Deucalion, & pénétrant les uns dans l'Epire & de-là en Italie, & les autres

_______________

(a) *Antiq. Rom.* lib. 1.

peuplant tour-à-tour la Thrace & l'Archipel, pour revenir ensuite dans leur première patrie, au tems de l'expédition des Argonautes.

Fréret, aussi savant que Denys d'Halicarnasse, & plus judicieux, s'appuie sur les mêmes monumens historiques pour faire rencontrer les Pélasges en Orient (*a*). Suivant ce Critique célèbre, les habitans primitifs de la Lydie, de la Carie & de la Mysie, les Phrygiens, les Pisidiens & les Arméniens mêmes, ne formèrent dans l'origine qu'un seul corps de peuple avec les antiques possesseurs du Péloponèse, parlant tous au fond la même langue, malgré la différence des dialectes, comme l'indique l'identité des noms Grecs donnés dans l'Iliade aux Troyens & à leurs alliés ; car Homère, le Peintre de la nature par excellence, est à la fois une autorité en poésie & en histoire.

_______________

(*a*) *Histoire de l'Académie des Belles-Lettres,* petite édition, tom. x, pag. 21.

Quels étaient donc ces Pélafges, qui, à une époque inacceffible à nos recherches, fans Légiflateurs, fans Héros & fans Hiftoriens, fondèrent une domination immenfe qui s'étendit de l'Appenin jufqu'au pied du Caucafe ?

Les Savants qui ont voulu deviner les origines de ce peuple en confultant les énigmes de l'étymologie, ont fait d'étranges conjectures. Il y en a qui, fondés fur un fragment peu authentique d'un livre d'Héfiode qui n'eft pas venu jufqu'à nous, ont fait dériver le mot Pélafge d'un *Pelafgus*, Roi d'Arcadie, qu'on fuppofe contemporain de Deucalion ; comme fi les Pélafges, à cette époque, n'étaient pas déja une Puiffance dominante en Afie & en Europe ; d'autres, égarés par Strabon (*a*), veulent que Pélafge vienne de *Pelargos*, mot Grec qui fignifie Cigogne ; parce que, dit-on, le peuple primitif du Péloponèfe, fem-

_______________

(*a*) *Geogr.* lib. 5.

blable à cet oiseau de passage, erra long-
tems d'une contrée dans une autre, sans
se fixer une patrie. Ces Pélasges, qui
n'ont jamais existé que dans Strabon,
seraient alors les Tartares de l'Europe.

Le docte Fourmont me semble avoir
adopté une conjecture plus heureuse (*a*),
en faisant naître le mot Pélasge du
Phénicien *Phelechet*, qui signifie disper-
sion; ce qui tendrait à faire croire que
le peuple navigateur de Tyr & de Sidon
dispersa ses colonies le long des côtes
de l'Asie mineure & du Péloponèse.

Par une bisarrerie étrange, l'étymologie la plus simple & la plus naturelle
du mot Pélasge, est précisément la seule
qui ait échappé soit aux Anciens, soit
aux Modernes. Personne encore n'a soup-
çonné qu'il pouvait dériver du terme
Grec *Pelagos*, qui veut dire mer. Cependant cette interprétation heureuse s'ac-

---

(*a*) *Réflexions critiques*, tom. 2, liv. 3,
chap. 12.

corde foit avec la phyfique, foit avec l'hiftoire.

Nous avons vu d'abord l'Afie mineu-re, enfuite le Péloponèfe, & enfin l'Ar-chipel, fortir fucceffivemont du fein des eaux qui leur avaient donné naif-fance, les peuples defcendre de leurs montagnes & fuivre la Méditerranée à la trace de fa retraite. N'eft-il pas vrai-femblable que ces hommes primitifs voyant leur patrie s'étendre, aux dépens de l'élément qui baignait le pied de leurs montagnes, fe crurent les domi-nateurs de la mer, & en prirent le nom, comme les héros de Rome pri-rent celui des régions qu'ils avaient fub-juguées ?

Les Phéniciens qui étaient les *Pé-lafges*, ou les *hommes de mer* par excel-lence, purent auffi donner ce nom, qui flattait l'orgueil national, aux colonies qu'ils envoyèrent peupler l'Afie mineure & le Péloponèfe.

Les époques mêmes où les Hiftoriens

de l'antiquité placent les principales émigrations des Pélafges, concourent à tirer cette opinion de la claffe des conjectures; on veut qu'elles datent du déluge de Deucalion. Or, il eft évident que des hommes échappés à la fureur des eaux, & furvivant à une patrie fubmergée, n'ont pu le faire qu'avec le fecours de la navigation; ce qui leur aura mérité le nom d'*hommes de mer*, de la part des peuples dont ils fe faifaient céder les richeffes, en échange de leurs lumières.

Ce mot de Pélafge ne fut peut-être que le furnom des habitans primitifs de la Grèce; mais quand il fallut embraffer fous une domination générale cette foule de peuples de l'Afie mineure, de l'Epire, de la Macédoine, de la Thrace & du Péloponèfe, tous reconnoiffant la même origine, tous parlant à peu-près la même langue, tous tenant par quelques points à l'élément qui avait créé le fol qu'ils habitaient, on les fit entrer tous dans la claſſe des hommes de mer; alors le ſurnom devint le nom propre, & on ne vit plus que des Pélaſges, de l'Apennin juſqu'au Caucaſe.

Après avoir défriché ces landes que nous préſente l'origine des Pélaſges, jettons un coup-d'œil ſur leur hiſtoire (*a*).

Les Ecrivains qui ont cru relever la Grèce, en liant ſa généalogie avec celle des dieux, font naître un des Légiſlateurs des Pélaſges, de Jupiter même. Alors ce peuple habitait le Péloponèſe. Six générations après, trouvant une terre vierge, dans les vallées de la Theſſalie récemment abandonnées par les eaux, il y tranſporta ſa demeure. Le rapport de ces plaines riantes abondamment imprégnées de ſucs générateurs, ſurpaſſa l'attente de leurs cultivateurs, ce qui excita la jalouſie des peuples voiſins. De-

_______________

(*a*) Ici, faute d'autres monumens, nous prenons preſqu'uniquement pour guide Denys d'Halicarnaſſe, *Antiq. Roman.*, lib. 1.

là vint une guerre cruelle, & les Pélafges, peut-être déja énervés, furent
obligés d'abandonner leur patrie à ces
nouveaux conquérans. Ils n'avaient joui
qu'un peu plus d'un fiècle & demi de
l'empire de la Theffalie.

Les Pélafges vaincus & fugitifs, fe
divisèrent. Les uns vinrent dans la Crète,
les autres s'emparèrent des Cyclades.
Quelques-uns allèrent peupler la Béotie,
la Phocide & l'Eubée; il y en eut qui,
dirigeant leur marche vers l'Afie, fe
rendirent maîtres de la côte maritime
qui s'étend vers l'Hellefpont & d'une
partie de l'Archipel. Mais le plus grand
nombre vint, par la Méditerrannée, chercher un afyle chez les Dodoniens, peuple Pélafge auffi d'origine, mais qui étant
particuliérement confacré au culte des
dieux, vivait à l'ombre des autels, fans
craindre le glaive des Conquérans. Les
Dodoniens accueillirent leurs alliés malheureux, tant qu'ils ne leur furent point
à charge; mais la terre ingrate qu'ils

habitaient

habitaient ceſſant de fournir aux beſoins de la nouvelle colonie, on fit parler un oracle, & les Pélaſges, pour obéir au ciel, firent voile vers l'Italie.

Le détail des conquêtes que firent les Pélaſges dans cette grande preſqu'iſle de la Méditerranée, appartient à l'hiſtoire de Rome; il ſuffit de ſavoir qu'après avoir long-tems infeſté le pays par leurs brigandages, la nature vengea les peuples indigènes. Un horrible fléau, fruit ſans doute de tant d'aſſaſſinats, porta la déſolation dans toute l'Italie. La mort s'aſſit ſur les trophées des Conquérans, & menaça toutes les têtes de ce peuple exterminateur. La contagion avait été annoncée par une ſtérilité fameuſe dans l'hiſtoire. Les fruits, dit-on, ſéchaient ſur leur tige & tombaient avant d'avoir atteint le premier degré de la maturité; le grain privé d'humide radical, n'élevait ſur un ſol aride qu'une paille ſtérile; les fontaines que l'haleine brûlante des vents n'avaient pas déſſéchées, por-

taient dans les campagnes qu'elles devaient vivifier, des germes de corruption.
Ce fléau, du règne végétal se commu-
niqua aux quadrupèdes, & de ceux-ci
aux hommes. Les Pélasges tombaient
par milliers dans leurs tentes, & trouvaient leur sépulture dans les entrailles
des vautours. Les femmes ne pouvaient
devenir mères, ou elles rencontraient
la mort dans leur fécondité. Dans cette
extrémité horrible, on eut recours aux
oracles, & le fléau du fanatisme vint
couronner l'ouvrage des fléaux réunis de
la peste & de la stérilité.

Antérieurement à ce désastre, les Pélasges, dans un péril où ils s'étaient trou-
vés, avaient promis aux dieux la dîme
de tout ce qu'ils possédaient, & pour
accomplir leurs vœux, ils avaient envoyé aux temples la dîme de leurs fruits
& de leurs troupeaux. Tant que ces Conquérans furent heureux, les oracles parurent satisfaits ; mais au premier revers
qu'ils éprouvèrent, ils prétendirent que

le ciel les puniſſait, parce qu'à la dîme de leurs biens, ils n'avaient pas ajouté celle des hommes. Cette abominable ſentence répandit par-tout l'épouvante. Les chefs frémirent, mais obéirent; déja on cherchait par-tout des Iphigénies ; alors la multitude preſſée par un double danger, n'échappant à la nature que pour tomber ſous le couteau des Prêtres, prit le ſeul parti qui reſtait à la raiſon ; elle ſecoua la pouſſière d'une terre marâtre, & revint habiter le Péloponèſe, environ ſoixante ans avant la guerre de Troye.

Ce terrible évènement aurait dû dégoûter les Pélaſges de ces brigandages héroïques, qu'on appelle la gloire des conquêtes ; mais dans les ſiècles inacceſſibles aux lumières, les peuples ne ſe corrigent point, & les fautes des générations ſont toujours perdues pour celles qui les remplacent. Les Pélaſges accoutumés à ne reconnaître de droit que celui de leur épée, demandèrent en maîtres un aſyle aux peuples de la Grè

ce (*a*). Les Athéniens crurent qu'ils adou-
ciraient, à force de bienfaits, ces hôtes
terribles. Ils les reçurent à bras ouverts
& leur cédèrent la plaine qui bordait le
mont Hymette, à condition qu'ils bâ-
tiraient le mur qui devait servir d'enceinte à leur citadelle. Le mur fut bâti,
mais ne garantit pas les Athéniens de
cette race de déprédateurs. Les Pélasges
faisaient des courses autour d'Athènes,
enlevaient les jeunes garçons & violaient
les filles qui allaient puiser de l'eau aux
fontaines. Non contens de ces attentats,
ils entreprirent de se rendre maîtres de
l'Attique entière. Le complot fut découvert, la veille de son exécution. Les
Athéniens pouvaient tirer une vengeance
éclatante de tant de perfidies. Mais se
livrant à cette générosité qui naît du
sentiment de ses forces, maîtres de la
vie des Pélasges, ils les abandonnèrent

_______________

(*a*) Le silence de Denys d'Halicarnasse nous
oblige à recourir ici au sixième livre d'Hérodote.

à leurs remords, & se contentèrent de les bannir de la terre qu'ils avaient souillée de leurs crimes (*a*). Les brigands humiliés, mais non corrigés, se dispersèrent dans le Péloponèse, & une de leurs hordes errantes alla s'emparer de l'isle de Lemnos.

Les Pélasges de l'isle de Lemnos, à peine tranquilles dans leur nouvelle conquête, songèrent à punir leurs bienfaiteurs, de ne les avoir pas exterminés. Ils armèrent des vaisseaux, descendirent sans déclaration de guerre dans l'Attique, & au milieu du tumulte occasionné par une fête de Diane, ils enlevèrent des femmes, pour en faire leurs concubines. Ces infortunées devinrent mères,

______

(*a*) A en croire l'Historien Hécatée, la jalousie Athénienne avait eu la plus grande part à l'expulsion des Pélasges. Mais la tradition que nous adoptons, vu le caractère connu du peuple banni, s'accorde mieux avec la dialectique de l'histoire.

& toujours Athéniennes dans le cœur, elles élevèrent leurs enfans dans les mœurs de leur ancienne patrie ; l'éducation eut le succès qu'on devait en attendre. Les bâtards en grandissant manifestèrent un courage qui les rendit supérieurs & par conséquent odieux aux enfans légitimes. Les pères tremblant pour l'avenir, prévinrent la guerre civile en Cannibales. Ils égorgèrent dans une nuit les jeunes Athéniens & leurs mères. Ce trait abominable fit tant d'horreur aux ancêtres des Solon & des Socrate, qu'ils appellèrent *Journées Lemniennes* toutes les Saint-Barthelemy, soit de la politique, soit du fanatisme.

Ces Pélasges, toujours déprédateurs, toujours odieux aux Grecs & jamais anéantis, sesoutinrent jusqu'à la conquête de l'isle de Lemnos, par le fameux Miltiade.

Je voudrais parler des émigrations des autres races de Pélasges dans le Péloponèse, dans l'Asie mineure & dans la

Macédoine ; mais l'histoire à cet égard
garde un silence profond, & les notions
qui nous restent se bornent à une stérile nomenclature qui ne peut être utile
qu'aux Géographes.

Nous ne savons rien de ces Pélasges
de l'isle de Crète, dont Homère parle
dans son roman des voyages d'Ulysse (*a*).

Nous ne connaissons les Pélasges de
la Crestonie, région voisine de la Macédoine, & ceux de Placia & de Scy-
lacé, villes de l'Hélespont, que par un
texte de Thucydide (*b*), qui ne se con-
cilie point avec l'histoire d'Hérodote.

Les Pélasges de Larisse vinrent au se-
cours de Priam, à l'époque de la guerre
de Troye (*c*) ; mais quelle est cette Larisse ? Strabon compte quatorze villes de
ce nom entre la chaîne du Taurus &
l'extrémité occidentale du Péloponèse (*d*).

---

(*a*) *Odyss.* lib. 19.
(*b*) Lib. 4.
(*c*) *Iliad.* lib. 2.
(*d*) *Geogr.* lib. 9.

L'antique nation des Pélafges, après avoir long-tems foulé l'Afie mineure & l'Orient de l'Europe, porta enfin la peine de fes crimes. De tout côté on fe réunit pour la faire difparaître, & l'hiftoire ceffe pour ainfi dire d'en faire mention, un fiècle après la guerre de Troye.

Il fallait que les Pélafges euffent laiffé dans les âges antérieurs, une mémoire bien odieufe, puifque les peuples mêmes qui partageáient leur origine, rougirent enfin de porter leur nom. On voit qu'environ douze fiècles avant notre Ere vulgaire, c'eft-à-dire, il y a près de trois mille ans, tous les peuples des côtes de l'Afie mineure, du Péloponèfe & de l'Archipel, fe difaient Hellènes, comme defcendant d'Hellen, fils de Deucalion; avant de nous occuper de cette feconde branche de l'arbre généalogique des Grecs, revenons un moment fur nos pas, & arrêtons-nous fur les révolutions phyfiques & politiques qu'effuya le Péloponèfe, à l'époque de la tyrannie des Pélafges.

# FONDATION

## *DES PREMIERES MONARCHIES*

### DU PÉLOPONÈSE.

IL ne faut pas perdre de vue notre grand principe, que l'Afie mineure a été peuplée avant le Péloponèfe, comme le Péloponèfe avant l'Archipel ; mais le défaut de monumens nous oblige ici d'intervertir l'ordre primitif des hiftoires particulières de la Grèce. Les colonies Syriennes qui fe font répandues dans l'intérieur de l'Afie mineure, & les colonies Phéniciennes qui fe font établies fur fes côtes, à force de fe divifer, n'ont pu former de grandes puiffances. Voilà pourquoi l'hiftoire fe tait fur leurs annales primitives. Il a fallu un grand laps de tems pour donner une bafe aux

Etats de Priam & de Créfus, les feuls de cette grande prefqu'ifle dont les fécouffes ayent agité le globe, avant la domination Romaine ; pendant cet intervalle, le Péloponèfe recevait dans fon fein des étrangers qui donnaient des loix & des mœurs aux Pélafges, & qui jettaient les fondemens des plus brillantes Monarchies de la Grèce.

Parmi ces Monarchies, il faut diftinguer celles de Sicyone & d'Argos, qui vont tour-à-tour occuper nos pinceaux.

Quelques Savants joignent à ces puiffances primitives l'ifle de Crète ; mais c'eft un paradoxe de chronologie, qu'il ne faut pas répéter dans une Hiftoire des Hommes.

La Crète eft un pays moderne, en comparaifon du Péloponèfe, car les ifles font nées de la mer, après les péninfules, comme les péninfules après les Continents : principe neuf il eft vrai, mais qui, expliquant la géographie, la chronologie & l'hiftoire de l'antiquité, doit être regardé comme une des clefs de la nature.

Il fallait que lorfque les Phéniciens allèrent peupler la Crète, cette iſle fût récemment ſortie du ſein des eaux ; car c'eſt le ſens du mot *Keretah* qu'ils lui donnèrent (*a*), & que les ſiècles ont conſervé juſqu'à nous, ſans en ſoupçonner l'étymologie.

Les Curètes, ces Saltinbanques ſacrés de la Crète, que la populace ſuperſtitieuſe de la Grèce regardait comme des hommes auſſi anciens que les dieux, étaient Ætoliens d'origine (*b*). Ils étaient dévoués au ſervice de ce Jupiter Atlante, qui avait le centre de ſon culte en Phénicie. Seulement les Curètes, pour cacher le larcin qu'ils avaient fait de ce

______

(*a*) Le mot Phénicien *Keretah*, répond au terme *A vulſa*, c'eſt-à-dire, arrachée des entrailles de la mer. Voyez les *Réflexions critiques* de Fourmont, tome 2, pag. 23.

(*b*) Strabon *Geograph*. lib. 10.

dieu étranger , prétendaient qu'il était né & mort dans leur isle , & par une contradiction dont la superstition seule peut pallier l'absurdité , ils montraient la tombe du maître du tonnerre , à côté de son autel.

Malgré la vanité religieuse des Crétois , leur histoire conjecturale ne remonte pas plus haut qu'à Teuctame , leur premier Roi , issu de Dorus , fils de cet Hellen , qui donna son nom à la Grèce (*a*) ; & leur histoire authentique , ne date que de Minos, le premier Législateur de ces insulaires , qui fleurit un siècle après le Déluge de Deucalion.

En général il faut se défier de l'antiquité de tous ces peuples, qui, à l'exemple des Egyptiens , se font gouverner par des dieux , avant que leur pays existât. Dans les régions mêmes qui font partie d'anciens continens , on peut regarder comme une imposture de la vanité

------

(*a*) *Diod. Sicul.* lib. 4.

nationale, tous ces règnes brillans des Monarques primitifs qui avaient des Palais superbes, des armées puissantes & des flottes formidables, à une époque où leurs prétendus Etats n'étaient que l'asyle agreste de quelques sauvages qui se voyaient pour se fuir. Si ce peuple alors a des annales suivies, c'est qu'il a adopté celles d'un peuple antérieur qui l'a subjugué, ou bien que ses Prêtres ont créé à dessein une histoire chimérique, préparant, dans la nuit des tems, des moyens de légitimer leurs attentats contre les Rois, & le Machiavélisme avec lequel ils se proposaient de rendre la multitude stupide, afin de la conserver esclave.

N'oublions pas que toutes les origines des peuples les plus connus, sont incertaines. Le philosophe Plutarque ne voulait pas que la Grèce eût une histoire avant le règne de Thésée ; Denys d'Halicarnasse, qui avait pâli sur les antiquités du globe, ne la commençait qu'à la guerre de Troye ; Varron, aussi philofophe que l'un, & non moins favant que l'autre, ne croyait pas que les Grecs euffent des monumens dignes de fixer la croyance humaine, avant l'Ere des Olympiades.

Pour nous, après une étude réfléchie des Ecrivains originaux, nous penfons que l'hiftoire de la Grèce peut fe confidérer fous trois époques. La première, qui précède la Chronique de Paros, embraffe les origines de l'Afie mineure & du Péloponèfe; c'eft l'âge des contes hiftoriques, & il faut beaucoup de philofophie pour rencontrer le noyau de vérité, fous la triple écorce fabuleufe qui l'entoure. La feconde époque, où les dieux commencent à céder la place à des hommes, date de la Chronique de Paros, & l'hiftoire authentique du premier des peuples connus, ne remonte, ainfi que le croyait Varron, qu'à l'Ere des Olympiades.

# DES ROIS DE SICYONE.

LES premiers Souverains qui paraiſſent ſur la ſcène Grecque, ſont ceux de Sicyone, petite région baignée par le golphe de Corynthe, & que ſa poſition pouvait rendre une des clefs du Péloponèſe.

Deux Hiſtoriens nous ont conſervé la liſte de ces Rois, Pauſanias dans ſon Voyage de Corynthe, & Caſtor, qu'on trouve analyſé dans la Chronique d'Eusèbe.

Les Monarques de Sicyone compoſent deux dynaſties, dont la dernière formée de Prêtres couronnés, mérite quelque attention de la part de l'Hiſtorien philoſophe.

La première dynaſtie, dont Ægialée eſt la tige, remplit un intervalle d'en-

viron 960 ans (*a*), & elle commence
vers la foixante-deuxième année de l'Ere
de Callifthène, s'il en faut croire Eusèbe, qui fait le premier Roi de Sicyone
contemporain de Ninus (*b*), & qui le
place même fur le trône, trente ans avant
l'avènement du célèbre époux de Sémiramis.

Une pareille antiquité, qui remonte
à trente-neuf fiècles & demi, a paru
fufpecte avec raifon à des critiques diftingués, tels que le Chevalier Màrsham
& le P. Pétau (*c*) ; mais la conclufion

------

(*a*) Je dis *environ* 960 ans, parce que les
calculs de Caftor, d'Eusèbe & de Scaliger,
varient de quelques années, comme on le verra
à la fuite de cet ouvrage, au chapitre *de la
Chronologie*.

(*b*) *Nino regnante apud Affyrios, primus
Sicyoniis imperavit Ægialeus annis 52, à quo
Ægialea nuncupata eft, quæ nunc Peloponefus
vocatur.* Voy. *Eufeb. Chronic.* dans le Recueil
de fes Œuvres, tom. 2, pag. 356.

(*c*) Voy. *Canon. Chronol.* pag. 15 & 16, &
*Ration. tempor.* part. 1, cap. 2.

qu'ils

qu'ils en ont tirée eft étrange ; c'eft qu'il fallait rejetter entièrement les deux dynafties des Rois de Sicyone , comme auffi apocryphes que la dynaftie de dieux , à qui on a fait gouverner l'Egypte , avant les Pharaons.

Une des grandes raifons de ces critiques , c'eft qu'il a plu à l'obfcur Acufilas , de dire que Phoronée était non-feulement le premier Roi , mais même le premier homme de la Grèce (a) ; ce qui eft évidemment une abfurdité.

La vraie caufe de leur dédain , c'eft que le canon des Rois de Sicyone ne s'accorde point avec leurs fyftêmes phantaftiques de chronologie.

Voici ce canon quant à la première dynaftie ; nous empruntons celui d'Eusèbe (b) , quoique moins authentique peut-être que celui de Paufanias , par-ce

---

(a) Clem. Alexandr. *Stromat.* lib. 1.

(b) *Eufebii Opera* , édit. de Paris de 1581 , tome 2 , pag. 356.

ce qu'il eſt le ſeul, où la durée des règnes
ſoit évaluée.

Ægialée, premier Souverain de Sicyone, contemporain de Ninus, & Roi
trente-un ans avant lui. Il règne 52 ans.

Europs. . . . . . . . 45
Telchin . . . . . . . 20

Apis, qui changea le nom
qu'Ægialée donna au Péloponèſe, & lui impoſa le ſien . 25

Thelchion . . . . . . 52
Ægid . . . . . . . . 34

Thurimaqve, dont on fit
l'apothéoſe . . . . . . 45
Leucippe . . . . . . 53
Messape . . . . . . 47
Hérat . . . . . . . 46
Plemnée . . . . . . 48
Orthopolis . . . . . 63
Marathos I. . . . . 30
Marathos II. . . . . 20
Echirée . . . . . . 55
Chorax . . . . . . 30
Epopée. . . . . . . 35

LAOMEDON. . . . . . . 40 ans.
SICYON, qui donna son nom
à la Sicyonie. . . . . . 45
POLYBE. . . . . . . 40
INACHUS . . . . . . 42
PHESTUS . . . . . . 8
ADRASTE . . . . . . 4
POLYPHIDE. Eusèbe place à
la vingt-neuvième année de
son règne, la prise de Troye. 31
PÉLASGE . . . . . . 20
ZEUSIPPE . . . . . . 32

Cette dynastie ne saurait être rejettée, parce qu'à quelques variantes près,
la liste d'Eusèbe s'accorde avec celle de
Pausanias; parce que plusieurs des détails qu'elle renferme, tels que l'avènement d'Ægid & l'apothéose de Thurimaque, sont confirmés par des Ecrivains du plus grand poids, tels que Strabon & Varron (a); parce que des Savants

______________________________

(a) Voyez la *Géographie* de Strabon & la
*cité de Dieu* de Saint Augustin.

modernes dont le fuffrage dans la balance de la raifon équivaut à celui des Marsham & des Pétau (*a*) l'ont adoptée; enfin , parce qu'elle n'offre point ce tiffu de merveilles, avec lefquelles l'ambition des Prêtres de l'Egypte cherchait à furprendre la crédulité de la multitude.

Il n'y a de fufpeɛt dans cette lifte que fa chronologie , & il ferait aifé de la reɛtifier.

Dans la dialeɛtique des faits, il femble impoffible que les vingt premiers Rois de Sicyone, depuis Ægialée jufqu'à Inachus, aient régné entr'eux huit cents vingt-cinq ans , fur-tout à une époque où l'homme dégénéré , n'avait plus les organes généreux des habitans du monde primitif; on peut donc réduire cet énorme intervalle , fans être foupçonné de

_______________

(*a*) Tels que le Miniftre Shuckford & Fourmont. Voyez *Hiftoire du Monde*, tom. 2 , pag. 40 , & *Reflexions critiques*, tom. 2, pag. 266.

chercher à mutiler les monumens de l'histoire.

Rien ne nous annonce que les premiers Rois de Sicyone aient tous été héréditaires; de plus, on ne peut douter que leurs règnes n'aient été très-orageux, à cause du système d'ambition des Prêtres, qui firent de bonne heure lutter l'encensoir contre le sceptre, & qui finirent par les réunir entre leurs mains. Ainsi on pourrait, suivant la règle du grand Newton, réduire ces vingt règnes, ainsi que ceux d'Inachus & de Polyphide, l'un portant l'autre, à dix-huit ans, ce qui donne un intervalle de 408 ans entre l'avènement d'Ægialée & la date célèbre de la prise de Troye.

De cette réduction, fondée sur une foule de faits de ce genre, qui ont servi de base à la règle de Newton, naîtrait la lumière sur les origines du Royaume de Sicyone.

Alors l'avènement d'Ægialée tomberait à l'an 613 de l'Ere de Callisthène, époque où tous les grands empires de l'Afie ont pris leur ftabilité, où le fceptre de Ninive & de Babylone remplit les mains oifives des automates couronnés qui ont fuccédé à Ninias, où la dynaftie de Keyomaras prépare la gloire du trône de Cyrus, où les Phéniciens, après avoir fondé Byblos, Beryte, Sidon & Palétyr, peuplent des mondes nouveaux de leurs colonies.

Par un fynchronifme bien fingulier, cet avènement d'Ægialée ne ferait poftérieur que de fept ans, à la mort du Roi Egyptien Amos, & le règne d'Amos eft une époque célèbre dans l'Hiftoire des Hommes, parce que c'eft à elle que commence la chronologie authentiqué des Pharaons.

Cependant comme la raifon du Philofophe ne fuffit point pour affigner des dates précifes aux faits hiftoriques, nous ne partirons pas de cette réduction, pour bâtir un fyftême fur la chronologie des Rois de Sicyone ; il y a eu une

Monarchie à cette extrémité du golphe de Corynthe, & cette Monarchie eſt la plus ancienne du Péloponèſe. Voilà l'unique flambeau qui doit nous guider dans ce cahos des annales primitives de la Grèce. Quant aux époques préciſes, il faut les abandonner à cette érudition qui ne ſe montre que pour le faſte, & non pour l'utilité des hommes ; pour nous, la chronologie Grecque ne commence qu'avec la Chronique de Paros, & n'acquiert le dernier degré d'authenticité qu'à l'Ere des Olympiades.

On ignore quel était le fondateur du Royaume de Sicyone ; Caſtor & Pauſanias ſe taiſent ſur ſa généalogie, & Apollodore, qui lui donne Inachus (*a*)

---

(*a*) Cet Inachus ne peut être le fondateur d'Argos ; car ſuivant la chronologie ordinaire, comme l'a très-bien démontré le Chevalier Marsham, il ſe trouverait que le fils aurait régné avant ſon père ; ſuivant la nôtre, il y aurait entr'eux pluſieurs ſiècles d'intervalle.

pour père, & pour mère, une fille de l'Océan, n'a voulu sans doute que désigner allégoriquement son caractère & son origine.

Inachus dérive du mot Phénicien *Inach* ou *Anach*, qui signifie *Brave*. C'est un terme générique qui convient à tous les anciens chefs de colonies, sur-tout à cette époque reculée où la force physique était le seul caractère distinctif de la supériorité ; alors il suffisait d'être plus brave que ses égaux, pour mériter de les gouverner.

Cette fille de l'Océan, qui donne le jour au plus brave des hommes, désigne évidemment qu'Inachus s'était rendu redoutable sur les mers, avant d'envoyer Ægialée fonder un Royaume, dans le golphe de Corynthe.

De cette explication heureuse, il résulte qu'Ægialée était Phénicien d'origine, & qu'il vint revivifier l'ancienne colonie de Sicyone.

Je me fers du mot de revivifier, parce

que la fondation de cette colonie , une des plus anciennes de la Grèce , devant être antérieure à celle qui bâtit Argos , remonte certainement plus haut que l'an 613 de l'Ere de Callisthène.

Voici comment mes principes sur la théorie physique du globe, me conduisent à deviner l'âge des monarchies de la Grèce.

Quand les Phéniciens eurent peuplé les côtes méridionales de l'Asie mineure , leurs Navigateurs purent entrer par deux routes différentes dans le Péloponèse ; les uns prenant la plus courte , c'est-à-dire celle de la mer Egée , virent devant eux la Messénie , la Laconie , & ensuite l'Argolide ; mais la mer qu'il fallait franchir pour arriver sur le rivage d'Argos , était hérissée d'isles nouvelles qui se formaient de bancs de sables & d'écueils. Il est probable que cette navigation fut interrompue dès son origine. D'autres Phéniciens suivant alors une mer libre , doublèrent le Péloponèse , & rencontrèrent le golphe de Corynthe qu'ils fuivirent jufqu'à fon extrémité. Là , ils furent arrêtés par l'ifthme , & afin de s'affurer la poffeffion de leurs découvertes , ils y bâtirent une ville que j'appelle par anticipation Sicyone , & qui fut deftinée à dominer le golphe de Corynthe.

Obfervons qu'à cette époque reculée , l'ifthme était fûrement plus large qu'il n'eft aujourd'hui ; car le petit golphe qui eft à l'orient de Sicyone , eft évidemment l'ouvrage de la mer qui , brifée par les rochers qui empêchent la jonction des deux bras de la Méditerranée , eft venue refluer près de l'emplacement de Corynthe. Alors le promontoire Olmien était réuni avec la côte correfpondante , & l'ifthme qui porte aujourd'hui le nom de Corynthe, pouvait être appellé l'ifthme de Sicyone.

La ville de Sicyone , faible dans fon origine , & peut-être fans nom , ne fut long-tems qu'un fimple comptoir pour les Navigateurs qui faifaient le commerce de golphe. Alors elle avait à fa tête des efpèces de Confuls ou tout au plus des Gouverneurs, comme nos Puiffances de l'Europe moderne en ont établis fur les côtes de l'Inde & du Nouveau-Monde; les vrais fouverains étaient dans la métropole, c'eft-à-dire, à Beryte, à Sidon, à Paletyr & à Byblos. Ce ne fut que plufieurs fiècles après que l'ambitieux Ægialée, rompant avec fa patrie, vint fonder une maifon Royale à Sicyone, & donna une rivale à la monarchie d'Argos.

Cet Ægialée, plus heureux que les premiers Navigateurs qui étaient entrés dans le Péloponèfe, lui donna fon nom, comme s'il en avait fait la découverte; menfonge à la poftérité, que notre âge moderne a vu renouveller, lorfqu'Améric-Vefpuce ufurpa fur Colomb la gloire de donner un nom au Nouveau-Monde.

Paufanias croit que la colonie d'Ægialée porta de bonne-heure les arts dans le golphe de Corynthe, & que de-là ils fe propagèrent dans l'Epire, & fur-tout dans la contrée voifine du Parnaffe, où règna Deucalion ; ainfi, ce font les Phéniciens, dépofitaires des connaiffances du monde primitif, qui ont préparé de loin le beau fiècle d'Alexandre.

Les fucceffeurs d'Ægialée n'offrent que des noms ftériles à l'Hiftoire de la Grèce (*a*). Nous ignorons quels furent

---

(*a*) Il y a cependant quelques faits, mais frivoles pour la plupart, dans la notice de Paufanias : notice dont il faut rendre compte ici, pour ne rien laiffer à defirer aux amateurs de l'antiquité.

Le morceau hiftorique que nous allons analyfer, fe trouve dans le livre fecond de l'Ecrivain Grec, qui porte le titre de *Voyage de Corynthe*, chap. 5 & 6.

Ægialée fut le premier Roi de cette dynaftie ; il bâtit une ville de fon nom, qui devint, dans la fuite, la fameufe Sicyone.

Europs, Telchis & Apis, lui fuccédèrent tour-à-tour par droit de naiffance. Apis donna fon nom à tout le pays renfermé dans l'ifthme, avant que l'arrivée de Pélops à Olympie lui fît prendre le nom de Péloponèfe.

ce Sicyon & cet Apis qui donnèrent un nouveau nom, l'un à Sicyone, & l'autre

---

Les descendants d'Apis furent Thalxion, Egyre, Thurimaque & Leucippe, & le trône continua à être héréditaire.

Leucippe n'eut qu'une fille, qui accorda ses faveurs à Neptune; il naquit de ces amours un enfant nommé Pérate, qui hérita à la mort de son ayeul, du Royaume de Sicyone.

Plemnée, fils de Pérate, ne pouvait élever aucun enfant; tous ceux qui naissaient de lui périssaient en voyant la lumière; Cérès, touchée du malheur de ce père infortuné, vint à Egialée, demanda à nourrir le jeune Orthopolis, qui venait de naître, & rompit par-là l'enchantement.

Orthopolis eut une fille, qui, séduite par Apollon, donna le jour à Coronos, père de Corax & ensuite de Lamedon.

Corax étant mort sans enfans, Epopée, Prince originaire de Thessalie, s'empara du Royaume de Sicyone. Ce Prince demanda en mariage la belle Antiope, qui passait pour la fille, non de son père, mais d'un fleuve de la Béotie. Sur le refus qu'on en fit, il l'enleva, & telle fut l'origine d'une guerre sanglante en-

au Péloponèfe ; on ne nous a point tranf-
mis la nature des exploits qui valurent à
Thurimaque fon apothéofe.

---

.re les Thébains & les Sicyoniens. Epopée fut
vainqueur, mais mourut d'une bleffure qu'il
reçut fur le champ de bataille.

Lamedon, fucceffeur d'Epopée, rendit la
belle Antiope, quoique groffe de fon frère ;
la Thébaine accoucha en route de Zéthus &
d'Amphion.

Lamedon eut bientôt de nouveaux ennemis
fur les bras, & fentant fon impuiffance, il
fit venir de l'Attique le guerrier Sicyon, à qui
il donna Xeuxippe, fa fille, en mariage.

Sicyon ayant acquis des droits auffi légitimes, monta fur le trône à la mort de fon
beau-père, & donna fon nom à la ville d'E-
gialée & à toute la Monarchie.

La fille de Sicyon fe laiffa féduire par Mercure, & devint mère de Polybe, qui régna,
dans la fuite, à Sicyone.

Adrafte, chaffé d'Argos, vint demander un
afyle à Polybe, & lui fuccéda ; mais quelque
tems après, ce Prince ayant été rappellé dans
fa patrie, Janifcus, petit-fils d'un Clytius,
qui avait donné fa fille en mariage à Lame-

Il est vraisemblable que les monarques d'Argos éclipsèrent ceux de Sicyone, comme nous avons vu les Rois Thébains

---

don, vint, du fond de l'Attique, faire valoir ses droits au trône d'Ægialée, & devint en effet Roi de Sicyone.

Phestus, qui passait pour le fils d'Hercule, succéda à Janiscus. Ce Prince, pour obéir à un oracle, se retira dans l'isle de Crète ; alors Zeuxippe, fils de la Nymphe Syllis & d'Apollon, s'appropria son trône & sa capitale.

Après la mort de l'usurpateur, Hippolyte, petit-fils de Phestus, acquit le Royaume de Sicyone. Agamemnon lui déclara la guerre & le força à être son tributaire.

Lacestade succéda à Hippolyte, son père. C'est sous son règne que Phalcès, à la tête d'une troupe de Doriens, se rendit maître, pendant la nuit, de Sicyone. Cependant, comme le Roi captif descendait d'Hercule, le vainqueur n'abusa point de son triomphe, & partagea le trône avec lui. Depuis cette époque, les Sicyoniens sont devenus Doriens, & ont commencé à faire partie de la Monarchie d'Argos.

d'Eratofthène éclipfés & prefqu'anéantis par la renommée des Pharaons.

J'ai tout lieu de croire auffi que ces Rois obfcurs de Sicyone , obligés de lutter fans ceffe contre un collége de Prêtres ambitieux qui fappaient fourdement les fondemens du trône , perdirent dans une pénible réfiftance cette énergie qu'ils auraient pu employer à étonner les hommes, ou , ce qui vaut encore mieux, à les rendre heureux.

Je ne doute point que vers le tems de la guerre de Troye , les Rois de Sicyone , épuifés par des divifions inteftines ,' ne protégeant que faiblement une navigation qui fe portait toute entière de l'autre côté de l'ifthme de Corynthe , ne reçuffent la loi des Souverains d'Argos. Polyphide en particulier dut être tributaire d'Agamemnon , qui fe faifait appeller le Roi des Rois , & dont le nom eft devenu immortel, comme le génie d'Homère qui l'a chanté. Cette opinion fort même de l'ordre des conjectures , fi , comme l'indique le synchronisme des deux règnes, on suppose que Polyphide est l'Hippolyte d'un Historien, dont le fragment nous a été conservé par Scaliger. Ce nouveau monument atteste que le destructeur de Troye, après avoir laissé le faible Hippolyte gouverner en paix Sicyone pendant huit ans, lui enleva ses Etats, & les réunit pendant dix ans à la monarchie d'Argos

L'assassinat d'Agamemnon fit naître probablement à la maison royale d'Ægialée, l'idée de secouer le joug. Mais sa prospérité ne fut pas de longue durée ; à peine délivrée des chaînes que lui avait imposées des Rois étrangers, elle tomba dans celle des Prêtres, & ce dernier désastre amena la ruine de la monarchie de Sicyone.

Il paraît que la révolution s'opéra à la fin du règne de Zeusippe. L'histoire n'en a pas conservé les détails ; mais il est hors de doute qu'elle avait été préparée habilement depuis plusieurs siècles, puisque les peuples virent fans étonnement la réunion du trône & de l'autel, & que l'ufurpation, confacree par trente-deux ans de durée, ne fe termina que lorfque Sicyone fut conquife par les Héraclides.

Caftor appelle ces Prêtres ufurpateurs, les Miniftres d'Apollon Carnéen (*a*). On connaît peu les fuperftitions du culte qu'ils avaient adopté; tout ce qu'on fait, c'eft qu'elles fe tranfmirent à Sparte & à Athènes. On célébrait dans ces villes, fous le nom de *Carneades*, des fêtes confacrées au nombre de neuf, qui duraient neuf jours, où l'on dreffait neuf tables de feftin, & qu'on terminait par neuf facrifices.

Le premier Prêtre-Roi de Sicyone fut un Archelaüs qui ne gouverna que pen-

***

(*a*) Carnos, fuivant la Mythologie Grecque, était à la fois Poète & Muficien; on le difait né des amours de Jupiter & d'Europe; Apollon en fit fon favori, & prit fon nom après fa mort ou après fon apothéofe.

dant un an. Le collége Sacerdotal, en
le laiſſant jouir de la couronne, pendant
un intervalle ſi court, ſe conduiſait par
cette même politique rafinée, dont nous
avons vu tant d'exemples, dans l'Hiſtoire
des dynaſties Egyptiennes. D'abord on
voulait ne point effrayer les peuples qui
ſe voyaient ſur le point d'être écraſés par
le ſceptre & par l'encenſoir : de plus, en
faiſant de la royauté une eſpèce de ma-
giſtrature annuelle, tous les Miniſtres
d'Apollon pouvaient porter la couronne
à leur tour, & le deſpotiſme, ainſi en-
chaîné par lui-même, préſentait au-
dehors un viſage moins deſtructeur. Malgré cet ingénieux machiavéliſme, la
théocratie de Sicyone ne put ſubſiſter ſous
cette forme que pendant cinq ans, c'eſt-
à-dire ſous Automédon, Méthodeutos,
Eunée & Théonome, qui remplacèrent
paiſiblement Archélaüs. Amphiction qui
leur ſuccéda, ayant goûté de la Royauté,
ne voulut pas s'en démettre, & la garda
neuf ans. Charideme, le dernier Prêtre-

Roi de cette dynaſtie, plus adroit encore que ſon prédéceſſeur, ſe maintint ſur le trône dix-huit ans. Euſèbe fait entendre, qu'à cette époque le Monarque ſacré ne pouvant ſoutenir le fardeau de la Royauté, & les dépenſes énormes qu'elle entraînait, prit la fuite; mais le récit de Pauſanias eſt un peu plus vraiſemblable : ſuivant cet Hiſtorien, Phalcès, un des Héraclides, parut alors devant Sicyone, s'en empara, & mit fin à ſa Monarchie.

Si l'on voulait concilier par la chronologie les Hiſtoriens tranſcrits par Euſèbe, & ceux qui ont ſervi de guide à Pauſanias, il faudrait ſuppoſer que la dynaſtie ſacerdotale de Sicyone eut toujours à combattre ſes Souverains légitimes. En effet, l'Hiſtorien Grec place, à la ſuite de Zeuſippe, deux Rois de la maiſon d'Ægialée, dont Laceſtade, le dernier, fut vaincu par les Héraclides.

Quoiqu'il en ſoit de cet évènement, ſur lequel la poſtérité ne peut aſſeoir que de vaines conjectures, la Monarchie de

Sicyone ceſſa à cette époque , & ſa capitale fut engloutie dans les Etats des Rois d'Argos. Ce déſaſtre arriva , ſuivant la chronologie d'Eusèbe , 84 ans après la priſe de Troye , c'eſt-à-dire , l'an 1105 de l'Ere de Calliſthène.

Je ne puis m'empêcher , en terminant ce chapitre , d'obſerver combien le plus beau génie de l'Europe moderne a méconnu l'antiquité , quand il a écrit que dans les Religions erronées des âges primitifs , le ſacerdoce n'avait jamais été fatal aux Gouvernemens. L'hiſtoire de tous les peuples dépoſe contre cette aſſertion téméraire. Nous avons vu le Mage Béléſis préparer ſourdement dans l'Empire Aſſyrien le démembrement de Babylone d'avec Ninive ; les Prêtres du Jupiter Egyptien , confondre pluſieurs fois leurs dynaſties avec celles des Pharaons ; ceux d'Apollon donner , malgré les peuples , des Rois à Sicyone , & le collége des Mages de Perſe , en gouvernant ſous le nom odieux de Sphendadate , provoquer contre eux la Saint-Barthélemy, qui préferva à jamais de leurs attentats le trône de Cyrus.

# DES COMMENCEMENS

## *DE LA*

## MONARCHIE D'ARGOS.

L'Egypte s'eſt attribuée la gloire d'avoir civiliſé la Grèce : mais, comme elle-même, tant qu'elle a été ſoumiſe aux Pharaons, n'a jamais ceſſé d'être barbare, il faut mettre cette prétention avec celle d'avoir eu des Dieux pour Souverains, lorſque le pays même où on les fait régner n'exiſtait pas.

L'origine de la Colonie qui vint fonder Argos, né me paraît point un problême; les mêmes Phéniciens qui, en ſuivant une mer libre, avaient pénétré juſqu'au fond du golphe de Corynthe pour y bâtir Sicyone, encouragés par le ſuccès de leur entrepriſe, ſe frayèrent, au travers des écueils de la mer Egée , une route plus courte pour arriver au Péloponèfe , abordèrent dans l'Argolide , & y fondèrent une Colonie qui devint bientôt le centre de leur commerce avec l'Afie mineure & l'Archipel.

Inachus paffe pour le premier Roi d'Argos ; c'était auffi le nom du père d'Ægialée , fondateur du Royaume de Sicyone : nous avons vu que ce nom dérivait du Phénicien *Inach* ou *Anach* , qui veut dire *Brave* , épithète dont ce peuple , dominateur des mers , honorait tous les fondateurs de fes Colonies.

Par un rapport fingulier entre l'Inachus d'Argos & celui de Sicyone , tous deux étaient fils de l'Océan ; ce qui , dans les langues primitives , fignifie iffu d'un Navigateur célèbre par fes découvertes.

Les deux premiers légiflateurs du Péloponèfe étaient donc Phéniciens ; l'un aborda par le golphe de Corynthe , & l'autre par la mer Egée , & fans l'interpofition de l'ifthme , les flottes deftinées à réparer la double Colonie, fe feraient rencontrées.

Il y avait déja long-tems que Sicyone fleuriffait, quand Argos devint fa rivale; car Caftor met l'avènement d'Inachus fous le règne de Thurimaque, feptième Roi de Sicyone (a), ce qui fuppoferait déja près de deux fièdes d'exiftence à la Monarchie fondée par Ægialée, fi on pouvait ajouter foi à cette antique chronologie.

Mais Argos, mieux fituée que Sicyone, parce qu'elle dominait à la fois le golphe Saronique & celui auquel elle donnait fon nom; parce qu'elle était plus voifine de fa métropole, & qu'elle pouvait faire la loi à l'Afie mineure & à l'Archipel, Argos, dis-je, ne tarda pas à éclipfer la fplendeur de Sicyone; voilà pourquoi elle eut de bonne-heure une hiftoire, tandis que fa rivale n'offrait que des noms ftériles à une mauvaife chronologie.

Inachus, abordé dans l'Argolide, trouva

______________

(a) Eusèb. *Chronic.* pag. 24.

cette contrée couverte d'eaux ſtagnantes, veſtiges récents de la retraite graduée des mers. Il creuſa un lit à un de ces marais peſtilentiels, lui donna une direction favorable à l'agriculture, & en fit un fleuve qui porta ſon nom (*a*). C'eſt ainſi que cet homme juſte devint ſouverain d'un royaume qu'il s'était créé.

Inachus régna, dit-on, un demi-ſiècle, mais ſans ſceptre & ſans couronne, n'ayant ſur ſon peuple que cette autorité que donnent les vertus & les bienfaits.

Phoronée, fils d'Inachus, ſuccéda, non à ſon trône, mais à ſon pouvoir ; c'eſt lui que l'obſcur Acuſilas appellait le premier homme (*b*), lui ôtant ainſi ſon père, pour jetter plus de merveilleux ſur ſon origine.

Il fallait que les habitans de cette partie du Péloponéſe fuſſent encore bien ſau-

---

(*a*) *Pauſanias*, lib. 2.

(*b*) Clem. Alexandr. *Stromat.* lib. 1.

vages à cette époque, puifque d'anciens écrivains rapportent que Phoronée leur enfeigna l'ufage du feu ; fi on pouvait ajouter quelque foi à cette tradition Argienne, il faudrait fuppofer que lorfque Inachus parut avec fes Phéniciens dans cette contrée, il fe trouvait dans les forêts de l'Argolide des Pélafges errants, qui ne connurent les arts utiles aux premiers befoins de l'homme, que lorfque Phoronée vint les civilifer. Leur ignorance du feu, toute étrange qu'elle nous paraît, n'eft point un phénomène unique dans l'hiftoire ; à l'époque de nos premières navigations dans les Indes, lorfque les Efpagnols abordèrent aux ifles Marianes, ils y trouvèrent un peuple auffi neuf fur l'ufage de cet élément : la première fois que les Infulaires virent la flamme ondoyante s'élever du tronc d'un arbre embrafé, ils la prirent pour un animal inconnu dans leur contrée, & ils allèrent jouer avec lui, jufqu'à ce que la douleur leur ouvrît les yeux fur leur crédulité.

Phoronée fut donc vraiment le bien-
faiteur des Pélafges ; il les raffembla dans
des villes , leur donna des loix & un
culte , & à la feconde génération on ne
diftingua plus les fauvages indigènes des
Phéniciens inftituteurs.

Je ne doute point que par reconnaiffance les peuples n'aient légitimé le pouvoir , qu'à l'exemple de fon père , il
s'était infenfiblement acquis par fes fervices. Voilà pourquoi d'antiques monumens lui donnent le titre de premier Roi
d'Argos. Cette reconnaiffance éclata après
fa mort, d'une manière encore plus con-
forme à la fimplicité de ces premiers
âges ; on érigea un autel fur fa tombe,
& on alla en foule offrir de l'encens au
dieu qu'on venait de voir mourir.

Des Ecrivains qui ont redoublé à deffein
les nuages répandus fur l'ancienne chronologie, profitant d'une frivole identité
de nom , ont foutenu que l'Ægialée
defcendu de l'Inachus de Sicyone, était
le frère de Phoronée , iffu de l'Inachus

d'Argos ; ce qui tendrait à confondre les origines des deux Monarchies , & à mettre deux fiècles d'intervalle entre les règnes fucceffifs du fils & du père ; mais il ne faut pas s'appefantir fur ces dif-cuffions favantes, qui font les landes de l'hiftoire.

# DES DÉLUGES

## DE

## LA GRÈCE,

### ET EN PARTICULIER DE CEUX D'OGYGÈS ET DE DEUCALION.

Un Père de l'Eglise qui nous a laissé un ouvrage précieux de littérature, place sous le règne de Phoronée, second Roi d'Argos, le déluge d'Ogygès (a), évè-

---

(a) *Nostri autem qui Chronicè scripserunt, prius Eusebius, post Hyeronimus, qui utique præcedentes aliquos historicos in hac occasione secuti sunt, post annos amplius quam trecentos, jam secundo Argivorum Phoroneo Rege regnante, Ogygii diluvium fuisse commemorant.* Voyez Saint-Augustin, *de civitate Dei*, lib. 18.

nement célèbre dans l'hiftoire de la
Grèce, & qui mérite de nous une attention particulière, à caufe de fa liai-
fon intime foit avec notre théorie du
globe, foit avec nos recherches philofophiques fur les hommes.

Les annales primitives de prefque tous
les peuples, ont confacré la mémoire
de quelque déluge particulier au pays
qu'ils habitaient ; nous avons parlé de
celui de Xixuthrus, qui fit le défaftre
de la Chaldée dans fon premier âge (*a*).
La Chine n'a point oublié fon déluge
de Peyrum, qui entraîna le naufrage de
la grande ifle où il régnait (*b*). Un
Deucalion de la Scythie, qu'il ne faut
pas confondre avec le Deucalion Grec,
fe fauva d'un déluge arrivé en Syrie avec
des animaux néceffaires à l'homme, &
*qui le fuivirent volontairement, fans lui*

---

(*a*) Voyez Abydène dans Eusèbe, *Præpar.
Evangel.* lib. 10, cap. 12.
(*b*) *Hiftoire de la Chine* du P. du Halde.

*faire du mal & sans s'entre-détruire* (*a*).
Il n'y a pas jusqu'aux peuples nouveaux
de l'Amérique, qui ne citent avec une
espèce de terreur religieuse, leur fameux
déluge de la Floride & des Apalaches (*b*).

Lorsque revenant un moment sur ses
pas, & jettant un coup-d'œil en arrière
sur les âges qui ont précédé l'origine des
Monarchies, on veut suivre les hommes
primitifs à la trace des grands travaux
qu'ils ont faits pour rendre le globe ha-
bitable, on voit qu'il n'y a rien de plus
naturel que toutes ces inondations dé-
sastreuses que les peuples effrayés ont
honorées du nom de déluges.

Les plaines de notre continent, à l'é-
poque de la retraite des mers, étaient
encore couvertes d'eaux stagnantes, qui
corrompaient l'atmosphère. Les premiers

________________

(*a*) Ce sont les termes mêmes de Lucien *de
deâ Syra.*

(*b*) *Cérémonies Religieuses*, tome VII.

Légiflateurs formèrent, il eft vrai , un
lit à ces vaftes marais, pour les changer en fleuves ; mais dans l'enfance des
arts, ils ne purent ni prévoir , ni prévenir les ravages que ces eaux captives
feraient, dans les tems périodiques de leur
débordement. Voilà pourquoi lorfque
les anciens empires commençaient à fe
former , ils furent fur le point d'être
anéantis par des déluges.

On ne nous a confervé aucun détail fur le déluge de la Chaldée ; mais
il eft vraifemblable qu'il fut une fuite
de notre théorie. L'Amérique , dont le
continent forti fous nos yeux du fein des
eaux , nous trace à tant d'égards les origines de l'ancien , explique de cette fa-
çon le déluge de la Floride. Le lac Théo-
mi , formé de la réunion d'un grand
nombre de marais peftilentiels , rompit
fes digues & inonda, fuivant la tradition du pays, *toute la terre* , à l'exception du mont Olaymi , où était le temple du Soleil , & qui fervit d'afyle aux

reftes malheureux du genre humain ; il ne faut pas prendre à la lettre ce mot, *toute la terre* ; on fait que l'effroi des peuples & encore plus leur vanité, leur fait regarder comme des défaftres du globe entier , les fléaux qui viennent anéantir chez eux l'efpèce humaine.

Quand une contrée eft environnée de montagnes circulaires qui s'oppofent au libre écoulement des eaux, elle eft encore plus expofée à des inondations·diluviennes ; c'eft ainfi que la Syrie circonfcrite par la double chaîne du Liban & de l'Anti-Liban , n'a eu befoin que d'un débordement extraordinaire de l'Oronte , pour voir juftifier fon déluge de Deucalion.

Enfin un pays contre lequel péferait une mer en courroux, devrait fubir tôt ou tard cette grande cataftrophe, que l'antiquité fait connaître fous le nom de déluge. Telle fut probablement la caufe du naufrage de l'ifle de Peyrun à la Chine, & peut-être de l'Atlantide de Platon.

Toute cette théorie des déluges explique la nature de ceux de la Grèce, & en particulier de ceux d'Ogygès & de Deucalion.

Le déluge d'Ogygès n'était pas le premier que la Grèce eût essuyée ; le fameux Disciple de Socrate parle de deux autres non moins considérables qui l'avaient précédé, & dont ses concitoyens avaient conservé la mémoire (*a*).

L'un de ces déluges antérieurs est celui de Samothrace, dont l'histoire nous a été transmise avec tous ses détails par Diodore.

» Les Ecrivains du pays submergé ra-
» content qu'avant les déluges des autres
» nations, il en avait souffert un très-
» considérable par les eaux qui étaient
» venues d'abord de la séparation des
» Cyanées ( le détroit des Dardanelles ),
» & qui s'étendirent jusqu'à l'Héllespont;
» on dit que le Pont-Euxin, autrefois

––––––––––––––––––––––

(a) *In Timeo & Critiâ.*

» fermé comme un lac, fut à cette épo-
» que tellement grossi par les eaux des
» fleuves qui s'y précipitent, qu'il s'éleva
» impétueusement par-dessus ses rivages,
» & répandit sur les campagnes de l'A-
» sie, les eaux de la Propontide ; on
» ajoute qu'une grande partie de la Samo-
» thrace en fut submergée ; de sorte que
» long-tems après, les Pêcheurs tiraient
» encore dans leurs filets des chapiteaux
» de colomnes, qui marquaient que cette
» mer couvrait des ruines de villes. Les
» lieux les plus élevés de l'isle, servirent
» seuls de réfuge contre ce débordement ;
» mais la mer montant toujours, les
» insulaires eurent recours aux dieux &
» en obtinrent leur salut. Ils marquèrent
» les bornes de l'inondation, & y dres-
» sèrent plusieurs autels où ils sacrifient
» encore. Il résulte de ce récit que la Samo-
» thrace a été habitée avant le dernier de
» nos déluges, (celui de Deucalion (*a*).

Voyez le *Diodore* de l'Abbé Terrasson, liv. 5,
chap. 30.

Ce déluge de Samothrace fut donc uniquement caufé par le débordement du Pont-Euxin & par l'action de la Méditerranée, qui pefait fur l'ifthme, de l'autre côté du détroit des Dardanelles.

Le Comte de Marfigli qui a écrit en Phyficien fur la théorie des mers, reconnaît que le Pont-Euxin, dans les âges primitifs, put franchir fes limites & inonder à la fois l'Afie mineure & l'Europe.

D'un autre côté, il eft évident que la Méditerranée, groffie fans ceffe par les flots de l'Océan qu'elle reçoit au détroit de Gibraltar, a dû augmenter de furface, s'élever au-deffus d'une partie du Péloponèfe, qu'elle bat avec violence, & inonder l'Archipel.

Les habitans de la Samothrace échappèrent au naufrage de leur patrie, en montant fur le fommet de leurs montagnes ; là, abandonnés à eux-mêmes, errants fur des rocs décharnés, obligés de difputer quelques vils alimens à des quadrupèdes fauvages que le befoin avait rendus féroces, ils oublièrent les arts & devinrent prefque fauvages. L'hiftoire rapporte qu'au bout de quelques générations, ces infortunés n'avoient plus rien de Grec, & que pour en faire des hommes, il fallut les faire civilifer de nouveau par un fils de Jupiter.

On a long-tems difputé pour favoir quel était Ogygès, & dans quelle contrée était arrivé fon déluge ; cependant en rapprochant les textes des Anciens qui ont fait mention de ce Cataclyfme, on n'a aucune peine à fixer fon incertitude. Ogygès était une efpèce de Cacique d'une horde de fauvages appellés les Ectènes (*a*), qui habitaient les montagnes de la Béotie ; le plus favant des Romains lui attribue la fondation de Thèbes, & la place antérieurement à fon déluge (*b*).

_______________

(*a*) *Paufanias*, lib. 9.
(*b*) Varron *de re Rufticâ*, lib. 3 , cap. 1.

Les circonstances de cette inondation
sont assez étranges ; Platon dit qu'une
seule nuit suffit pour le désastre ( *a* ).
Les flots destructeurs s'élevèrent tout-à-
coup à la hauteur des édifices , & à
l'exception des pâtres qui erraient sur
la croupe des montagnes , tout le monde
fut submergé.

Apollodore s'appuyant sur une tradition orientale, fait durer le déluge d'O-
gygès neuf jours & neuf nuits (*b*) ; ce
nombre mystérieux était adopté exclu-
sivement par une secte philosophique, au
siècle d'Apollodore.

Solin , l'exagérateur Solin , renchérit
encore sur le merveilleux du récit d'A-
pollodore ; à l'en croire, le déluge de la
Béotie dura neuf mois entiers , pendant
lesquels une nuit sombre couvrit toute
la contrée ( *c* ). On se doute bien que

---

( *a* ) Voy. les Dialogues du *Timée* & de *Critias*.

( *b* ) *Biblioth.* lib. 1.

( *c* ) *Cum diem continua nox inumbraffet.*
Voy. *Solin.* cap. 17.

ces Grecs qui se crurent ainsi dans les ténèbres pendant neuf mois, n'étaient point les Grecs du siècle d'Alexandre.

Il est très-aisé, en dégageant ce récit de toutes les merveilles, dont la crédulité des siècles postérieurs l'a surchargé, de donner une interprétation philosophique au fond de vérité qu'il renferme.

La Béotie ressemble beaucoup, pour la coupe géographique, à cette partie de la Syrie qu'entourent les deux chaînes du Liban & de l'Anti-Liban. Elle est coupée comme elle par le Cythéron, par le Parnasse & par le Ptoon, qui en forment une espèce de bassin, où les eaux des montagnes se précipitent de toute part. Il en résulte dans la partie méridionale un lac Hylica, qui ne se décharge dans la mer, que par un canal très-étroit que l'art a perfectionné. La plaine du nord, circonscrite presque circulairement par les montagnes, n'a aucune communication apparenté avec la mer; cependant le Céphise s'y jette du haut du Parnasse, & ce fleuve arrêté dans son cours, y forme le lac Copaïs, dont les eaux stagnantes élèvent, dans l'été, autour de lui des vapeurs pestilentielles. Au tems de la fonte des neiges, cette plaine serait inondée, si des conduits souterreins qui traversent le mont Ptoon, ne procuraient à ses eaux surabondantes, un écoulement dans la Méditerranée. Wheler, qui a été sur les lieux, & qui était un excellent Géographe, nous a donné, à cet égard, toutes les lumières qui peuvent rendre raisonnable la merveille du déluge d'Ogygès (a).

On voit, par tous ces détails, combien la Béotie prêtait, dans les premiers âges, à des inondations qui en dénaturaient la surface ; il est évident qu'à l'époque de Phoronée, les eaux déja grossies par une fonte extraordinaire des neiges, se trouvant circonscrites par la

---

(a) *Travelſ.* liv. 4.

barrière circulaire des montagnes, s'é-
levèrent à une hauteur démefurée, cou-
vrirent les villes & anéantirent la plus
grande partie des hommes.

Lorfque le pays commença à fe re-
peupler, on fongea fans doute à fe pré-
munir contre de pareils défaftres ; alors
on fit communiquer par un canal de
deux milles pas, taillé dans le rocher,
les lacs Copaïs & Hylica, & on perça
le mont Ptoon, pour procurer un libre
cours à leurs eaux furabondantes. La
nature, s'il en faut croire Strabon (*a*),
aida, à cet égard, l'induftrie humaine,
& un des conduits fouterreins du mont
Ptoon dut fon origine à un tremblement
de terre. Comme le limon & les pierres entraînées par les torrens, tendaient
fans ceffe à obftruer ces conduits, les
peuples, pour prévenir de nouveaux déluges, fe hâtaient de percer ailleurs la
montagne, mais dans la même direc-

_______________________

(*a*) *Geograph.* lib. *9.*

tion. Les Grecs modernes affurèrent à l'Obfervateur Wheler , que le Ptoon était ainfi percé par cinquante canaux , dont vingt fe trouvent tracés fur fa carte.

Malgré toutes ces précautions , la Béotie , par fa pofition fatale , fe trouvait fans ceffe expofée à être noyée. L'année qui précèda la défaite des Thébains par Agéfilas , c'eft-à-dire, un peu moins de quatre fiècles avant l'Ere vulgaire, il y eut un débordement extraordinaire du lac Copaïs , qui fit monter les eaux jufqu'à Haliarte , où elles démolirent le fameux tombeau d'Alcmène ( *a* ).

Au fiècle d'Alexandre , un Architecte de Chalcis eut ordre de nétoyer toutes les routes fouterraines qui fervaient à la décharge des eaux furabondantes du vafte baffin de la Béotie. Ce grand travail ne fut exécuté que d'une manière imparfaite , à caufe d'une révolte des habi-

---

(*a*) Plutarch. *de Genio Socratis.*

tans, mais il fuffit pour faire baiffer confidérablement le lac Copaïs; alors on vit paraître le comble des édifices de quelques villes, que le lac avait inondées (*a*), & en particulier les ruines de l'ancienne Orchomène (*b*).

Orchomène ne fubfiftait pas au tems du déluge d'Ogygès, ou du moins ce n'était qu'un faible hameau, afyle de quelques Pélafges à demi civilifés, qui luttaient contre les reftes de leur ancienne barbarie. Il eft certain qu'à cette époque reculée, il n'y avait ni héros, ni fages dans la Béotie, & le défaftre qu'elle effuya, ne contribua pas peu à éloigner de plufieurs fiècles, fon âge de lumière.

Ce défaftre, au rapport des Anciens, enveloppa tellement toute la nature vi-

---

(*a*) Strabon *Geograph.* loc. cit. & *Mémoire de l'Académie des Belles-Lettres*, tome 38, pag. 235.

(*b*) Etienne de Byzance, au mot *Crates*.

vante, qu'il fe paffa cent quatre-vingt-dix ans, avant que le pays pût être habité.

Comme dans les fiècles d'ignorance, rien d'extraordinaire ne fe paffe fur la terre, que le ciel ne l'ait annoncé, une tradition fe répandit à cette époque, parmi le peuple des Philofophes; on dit qu'au tems du déluge d'Ogygès, la planète de Vénus avait changé de couleur, de volume, de figure & de cours ( *a* ). Ce phénomène, tel qu'il eft expofé eft impoffible; mais un illuftre Moderne, qui aimait mieux donner fon efprit aux Anciens, que de les trouver abfurdes, en

---

(a) *Eft in Marci Varronis libris, quorum infcriptio de gente populi Romani, Caftor fcribit in ftellâ veneris .... tantum portentum extitiffe ut mutaret colorem, magnitudinem, figuram, curfum : quod factum ita, neque antea neque poftea fit. Hoc factum Ogyge rege dicebant Adraftus Cyzicenus, & Dion Neapolites mathematici nobiles.* Voy. Saint Auguftin, *de civit. Dei,* lib. 21, cap. 8.

changeant le feul mot de Vénus dans le texte original, a rencontré l'explication la plus heureufe du phénomène (*a*).

» Une comète, dit-il, dont la tête fe
» montra le foir & le matin auprès
» du foleil, quelques jours après que
» Vénus s'était plongée dans les rayons
» de cet aftre, fut prife d'abord pour
» Vénus elle-même ; les jours fuivans,
» la comète prit une queue ou une
» chevelure ; alors on crut que la planète
» avait changé de couleur, de volume
» & de figure. Comme le mouvement
» propre de la comète l'éloignait tous
» les jours de plus en plus du foleil, &
» lui faifait traverfer le ciel par une route
» très-différente des planètes, on fe per-
» fuada que Vénus, qui demeure quel-
» quefois cachée plufieurs jours dans les
» rayons du foleil, avait abandonné fon
» ancien cours, pour en prendre un

---

(*a*) *Differtation de Freret* dans les *Mémoires de l'Académie*, tome 15, pag. 1.

» nouveau. Enfin la comète ayant ceffé
» d'être vifible au bout de quelques
» tems, & la planète s'étant rencontrée
» auprès du foleil, on conclut qu'elle
» était revenue occuper fon ancienne
» place «.

Fréret, de cette première découverte,
paffa à une autre; une comète affez groffe
pour qu'on pût la confondre avec l'aftre
brillant de Vénus, devait être de la première claffe, & par conféquent pareille
à la fameufe de 1680, qui a fait écrire
à Bayle plufieurs volumes de recherches
ingénieufes & de paradoxes.

Or, l'Aftronome Flamftéed, qui mefura la comète de 1680 au fortir des
rayons du foleil, trouva qu'elle avait
un peu plus d'une minute de diamètre,
dans le noyau lumineux que l'on découvrait au centre de fon atmofphère en-
flammé (a); ce qui donne, fuivant le
grand Newton, un diamètre parfaite-

_______________

(a) *Hiftor. Celeft.* pag. 105.

ment égal à celui de la planète de Vénus (*a*).

Il n'y avait plus qu'un pas à faire pour prouver que la planète d'Ogygès était la comète de 1680, & ce pas, Fréret ofa le tenter. La révolution de la comète avait été calculée par des Aftronomes célèbres, qui avaient fixé fon retour périodique à environ 575 ans. Or, en remontant de période en période, on trouve fon apparition en 1106, en 530, & 44 ans avant notre Ere vulgaire, c'eft-à-dire, l'année fi célèbre de la mort de Jules-Céfar.

Remontez encore dans les fiècles antérieurs, & vous trouverez trois autres apparitions de la comète de 1680, dont la plus ancienne tombe précifément, fuivant notre calcul, ( qui ne diffère que de deux ans de celui de Fréret ), à l'an 1769 avant l'Ere vulgaire, qui répond à l'an 461 de l'Ere de Callifthène, époque

________

(*b*) *De Mundi Syftem.* pag. 20.

où l'on peut placer le déluge d'Ogygès.

Quoique l'époque de cette grande inondation de la Béotie, tombe avant celle de la Chronique de Paros, & par conséquent à des siècles qui semblent inaccessibles à la chronologie, cependant nous croyons qu'il est de la plus grande importance de nous y arrêter, parce que de cet évènement mémorable combiné avec l'histoire du ciel, dépend la date précise des Monarchies de Sicyone & d'Argos, & par conséquent celle de la civilisation du Péloponèse.

Voici ( en suivant la chronologie de Castor & d'Eusèbe) comment nous pouvons adapter à notre histoire Grecque, le concours du déluge d'Ogygès, avec une des apparitions de la comète de 1680.

La prise de Troye, époque consacrée par la Chronique de Paros, tombe, comme nous l'avons vu, à la vingt-neuvième année du règne de Polyphide à Sicyone ; si vous remontez de-là, jus-

qu'à la trente-cinquième de Thurimaque,
date de l'arrivée d'Inachus à Argos,
vous trouvez un intervalle de 645 ans,
dont il faut retrancher un demi-siècle
pour le règne d'Inachus, & 35 pour la
plus grande partie de celui de Phoronée,
ce qui réduit les 645 ans d'intervalle à
560. Or, si de l'an 1021 de l'Ere de
Callisthène, époque certaine de la prise
de Troye, vous retranchez 560 ans, vous
trouvez précisément 461, ou le nombre
indiqué par nos calculs; la trente-cinquième année de Phoronée répond donc
au déluge d'Ogygès, comme le disent
les Historiens; & le déluge d'Ogygès est
donc de la date de l'apparition de la comète de 1610, comme le font pressen-
tir les Astronomes (*a*).

Ce synchronisme m'a toujours paru
de la plus grande force, quand j'ai voulu,

---

(*a*) Voyez de plus grands éclaircissemens
encore sur ce sujet, au chapitre *de la Chronologie.*

à l'aide de la chronologie, placer quelques phares de diftance en diftance, dans la nuit profonde des antiquités de la Grèce. L'illuftre Fréret, qui a trouvé cette clef à l'hiftoire du Péloponèfe, ne l'a point fait valoir au gré de fon génie, parce qu'il avait un fyftême auquel il pliait également les faits & les dates ; je regrette la faibleffe de ce grand homme, & il ferait bien plus doux à mon cœur, de tranfcrire fon ouvrage, que de le refaire.

L'unique doute que la philofophie puiffe élever contre le fynchronifme de la comète de 1680, & du déluge d'Ogygès, regarde la prodigieufe antiquité de cet évènement, & le peu d'apparence que Caftor ne nous ait point trompé fur la longue durée de tous les règnes des Souverains de Sicyone, qui fervent de bafe à notre chronologie. Ce doute fi raifonnable me fit naître, dans le cours de mes recherches, une autre idée, hardie peut-être, mais qu'un examen approfondi pût m'empêcher de mettre au rang des paradoxes.

Au lieu de supposer trois apparitions de la comète de 1680, avant l'année de la mort de Jules-César, je n'en comptai que deux, & je vis que je pouvais alors reconcilier la date du déluge d'Ogygès, avec la raison, sans la mettre trop en opposition avec les monumens de l'histoire.

Dans cette hypothèse, la comète qui, par la prodigieuse excentricité de son orbite, ne se montre à nos yeux que tous les 575 ans, au lieu d'avoir concouru avec le déluge d'Ogygès l'an 461 de l'Ere de Callifthène, se rapprocherait de nous jusqu'à l'an 1036.

Cette nouvelle époque tombe quinze ans seulement après la prise de Troye, & alors la Grèce était assez peu civilisée, quelque génie qu'Homère ait prêté aux héros de l'Iliade.

Une réduction de 575 ans n'est peut-être pas aussi extraordinaire qu'elle *le*

paraît au premier abord, dans la chronologie des Rois de Sicyone ; d'abord
nous avons vu, dans un de nos chapitres
précédens, qu'en évaluant, suivant la
règle de Newton, tous ces règnes ora-
geux & non héréditaires, on pouvait
tout d'un coup retrancher cinq siècles
entiers, de l'intervalle compté par Castor
entre l'avènement d'Ægialée & la prise
de Troye ; de plus, en confrontant les
deux listes d'Eusèbe & de Pausanias,
on s'apperçoit que la dernière rejette trois
de ces règnes tout entiers (*a*). Il est donc
très-aisé de concilier la réduction astro-
nomique de 575 ans, avec les monumens
de l'histoire.

---

(*a*) C'est Marathos I, Marathos II & Echi-
dée. Le savant Fourmont en a conclu que ces
trois noms avaient été mis en notes dans les
premiers manuscrits d'Eusèbe, & que de la ils
avaient passé dans le texte, par la négligence
des copistes. Voy. *Réflexions critiques*, tom. 2,
pag. 270.

Si on objecte qu'alors toute la chronologie des Rois d'Argos est renversée, en ce qu'on place sous le successeur d'Agamemnon, vainqueur de Troye, le déluge d'Ogygès, que toute l'antiquité s'accorde à placer sous Phoronée; on répond avec les Savants, que le mot de *Phoronée*, dérivé de l'Egyptien *Pharaon*, n'est qu'un terme générique, qui signifie Souverain, & qu'on peut appliquer à tous les Rois d'Argos, depuis Inachus, jusqu'au successeur d'Agamemnon.

Toutes les parties de ce nouveau système me parurent long-tems très-bien liées ensemble; je m'y serais arrêté même, si je n'avais écrit qu'une théorie du globe; mais les preuves de raisonnement, que la philosophie admet, sont bien faibles auprès des preuves de fait que présente l'histoire.

La réduction des règnes des Souverains de Sicyone, quelque naturelle qu'elle nous paraisse, pour la somme totale, est trop conjecturale par rapport aux détails, pour en faire la bafe des origines de la Grèce ; ajoutons que le déluge d'Ogygès, placé quinze ans après la prife de Troye, deviendrait alors poftérieur à celui de Deucalion ; ce qui contredit trop ouvertement la Chronique de Paros, un des monumens les plus authentiques de la chronologie.

Contens d'avoir réuni avec Fréret les deux époques du déluge d'Ogygès & de la comète de 1680, nous ne déciderons donc pas s'il faut les rapporter à l'an 461 de l'Ere de Callifthène, ou à l'an 1036 ; les données font connues ; c'eft au Lecteur à réfoudre le problême.

Le déluge de Deucalion eft de la même nature que celui d'Ogygès, & s'explique auffi par la defcription géographique du lieu de la fcène où on le place.

Si Deucalion habitait la plaine fituée à l'occident du mont Parnaffe, comme le font entendre Ariftote, Apollodore

& la Chronique de Paros (*a*), il n'y a
point de prodige dans son déluge.

Au-delà du double sommet de ce mont
à jamais célèbre, est une plaine située
à mi-côte, & entourée de rocs escarpés,
au centre de laquelle est un lac formé
par la source du fleuve Plistus, par les
torrens qui jaillissent des rochers, & par
les eaux que produit la fonte des neiges.
La nature, dit Wheler (*b*), a ménagé
pour la décharge de ce lac, deux ou-
vertures souterraines, par lesquelles l'eau
s'écoule dans le tems de ses crues extraor-
dinaires ; sans elles, il y a une saison
où la plaine entière serait inondée, &
où le lac surmontant les rochers qui le
bordent, irait noyer la campagne où sont
les ruines de Delphes. On voit par cette
exposition que l'engorgement de ces canaux creusés par la nature, a pu suffire

_________________________________

(*a*) Aristot. *Meteor.* lib. 1 ; Apollodor. *Biblioth.* lib. 7, & *Chron. Marmor.* art. 2.
(*b*) *Travels.* liv. 4.

pour faire naître le déluge de Deucalion.

Si le déluge exerça ses ravages dans la partie méridionale de la Thessalie & au pied du Pinde, comme le supposent Hérodote & Strabon (*a*), l'explication du phénomène est de la même nature. Cette contrée est une vaste plaine beaucoup plus grande que la Béotie, & bordée, comme elle, par un rempart circulaire de montagnes qui ne laissent au fleuve Pénée, qu'une gorge très-étroite pour se jetter dans la mer. Quand Xerxès, dans son rêve superbe de la conquête du globe, arriva à l'embouchure de ce fleuve, il dit que les Thessaliens étaient très-sages de ne pas défendre contre les Perses les défilés de l'Olympe & du Pélion, parce que sa vengeance aurait été terrible, & qu'en comblant l'embouchure du Pénée, il aurait noyé toute la Thessalie (*b*).

----

(*a*) *Hérod.* lib. 1. *Strab.* lib. 9.
(*b*) *Hérod.* lib. 7.

Au refte , la Theffalie , fuivant **une** tradition antique , n'était originairement qu'un lac immenfe , inacceffible aux hommes. Hercule vint, creufa un défilé entre les montagnes, pour l'écoulement du Pénée , & créa ainfi le jardin du Péloponèfe.

A cette expofition fi fimple d'une inondation que la crédulité des peuples tranfforma en déluge, les Poètes qui femblent avoir été les premiers Théologiens de l'antiquité , ont ajouté des détails merveilleux , qui ne devraient peut-être pas trouver place dans une Hiftoire des Hommes.

Pindare dit que Deucalion , fauvé feul avec Pyrha , fa femme, du déluge , defcendit du Parnaffe , lorfque Jupiter eut forcé la terre de retirer dans fes abîmes, les eaux qui avaient couvert fa furface, & que pour ne pas laiffer anéantir la race humaine , il changea les rochers en hommes (*a*). Ovide renchérit

______

(*a*) Pindar. *Olymp.* IX , v. 60.

encore fur ce conte oriental, & veut que
le couple fortuné fe contentât de jetter des
pierres derrière lui. Les pierres de Deucalion devinrent des hommes, & celles
de Pyrha, des femmes. Les beaux génies
des fiècles de Péricles & d'Augufte étaient
iffus de ces pierres de Deucalion.

Plutarque, qui aime à faire des contes comme les Poètes, prétend que Deucalion, fauvé de fon déluge, fe retira en
Epire, y confulta un chêne, qui lui ré-
pondit, par la voix d'une colombe, & que
ce prodige l'engagea à bâtir le temple de
Dodone ( *a* ).

Le déluge de Deucalion n'eft point
placé à une époque problématique, comme
celui d'Ogygès. Nous le voyons confacré
par le monument le plus précieux de l'ancienne chronologie (*b*) ; fa date eft la cin-
quante-troifième année de l'Ere de Paros,
qui concourt avec la fept cent unième de
celle de Callifthène.

_____

(*a*) Plutarch. *in vita Pyrhi.*
(*b*) Chronic. *Marmor. infulæ Paros* , art. 4.

# HISTOIRE D'ARGOS,

## *Depuis le Déluge d'Ogygès, jusqu'a la mort de Danaus (a).*

LES Succeſſeurs de Phoronée juſqu'à Agamemnon, ne jouent pas un rôle diſtingué dans les annales de la Grèce, & le Philoſophe s'en conſole, parce que leurs règnes tiennent beaucoup à l'âge des fables. L'hiſtoire ne doit pas proſtituer à décrire les exploits phantaſtiques de quelques Paladins imaginaires, le pinceau qu'elle deſtine plus noble-

_______________________

(a) Pauſanias, lib. 1 & 2. Apollodor. *Biblioth.* lib. 2. Diod. Sicul. lib. 1. Euſèb. *in Chronic.*

ment à peindre l'ame de Socrate & le patriotiſme de Léonidas.

Apis, fils & ſucceſſeur de Phoronée, termina après quarante-ſept ans de durée, une petite guerre de brigandages contre les Telchines, eſpèce de ſauvages qui habitaient entre Argos & Sicyone. Ceux-ci chaſſés du Péloponèſe, cherchèrent un aſyle d'abord dans l'iſle de Crète, en-ſuite dans celle de Chypre, & enfin dans celle de Rhodes, où ils perdirent le nom de ſauvages.

On accuſait, dans l'antiquité, les Tel-chines, d'être verſés dans cette eſpèce de Magie, qui conſiſte à nuire à la nature; de jetter des ſorts ſur les arbres pour les faire périr, d'exciter des tempêtes ſur la mer, afin de cauſer des naufrages, d'empoiſonner l'homme par le ſimple regard. Tous ces crimes impoſſibles ont rendu leur mémoire odieuſe, juſqu'à l'a-vènement de la raiſon en Europe.

Apis, comme tous les héros des pre-miers âges, s'occupa à purger ſon pays des bêtes féroces qui l'infeſtaient. Ce grand ſervice lui valut de donner ſon nom au Péloponèſe.

Après la mort d'Apis, ſa couronne paſſa à Argos, ſon neveu, petit-fils de Phoronée par Niobé ſa fille. Ce Prince, dédaignant une naiſſance vulgaire, laiſſa croire à la multitude que ſa mère avait accordé ſes faveurs à Jupiter, & s'énorgueillit long-tems de cet auguſte adultère. Il jouit, dit-on, d'une grande puiſſance, & donna ſon nom à la ville d'Argos. On lui donne quatre fils, dont le troiſième alla fonder la petite principauté d'Epidaure, & le dernier prit, après ſa mort, les rênes de ſa Monarchie.

Criaſos eſt ce dernier fils d'Apis qui eut le bonheur de le remplacer. On ne ſait rien de ſon règne, ſinon qu'il introduiſit dans ſa capitale le culte de Junon. Les femmes qui préſidaient à ce miniſtère ſacré, ne tardèrent pas à s'arroger un grand pouvoir politique, & il fallait que ce pouvoir fût de niveau avec celui du trône , puifque d'anciens Hiftoriens , tels qu'Hellanicus , ont compté les années de la Monarchie d'Argos , par celles du facerdoce de fes Prêtreffes.

Phorbas fuccéda à Criafos , & fut remplacé par Triopas , & enfuite par Crotopus & par Sthénelas. Ces quatre Princes n'ont laiffé qu'un nom ftérile. Cependant l'avant dernier a échappé à l'oubli par l'aventure de Pfamathé & de Corœbus , dont des Poètes , fans doute , firent part à Paufanias (*a*).

Pfamathé était la fille de Crotopus. Parvenue à l'âge où le cœur s'ouvre aux impreffions de l'amour , il eft probable qu'elle fe laiffa féduire par un Prêtre d'Apollon , qui la rendit mère : la Princeffe , pour fauver fon amant , concerta avec lui d'annoblir fa faute , en la jettant fur le Dieu même dont il était le Miniftre ; ainfi l'enfant de Pfamathé paffa pour le fruit des amours d'Apollon. Non

______

(*a*) Lib. 1 , cap. 44.

content de ce ftratagême, Pfamathé qui
craignait le courroux du Roi, prit le parti
d'expofer, à fa naiffance, l'enfant illégi-
time ; mais la deftinée voulut que les
chiens de la meute royale, trouvant au
fein des forêts cet infortuné, le dévo-
râffent dans fon berceau. A cette époque,
il parut dans le territoire d'Argos une
bête féroce qui, dit-on, arrachait les
enfans du fein de leur mère, & les dé-
vorait. La fuperftition populaire ne man-
qua pas de fuppofer le monftre évoqué
par Apollon, pour expier la mort de fon
fils. Un guerrier généreux (c'était Corœbus) expofa fa vie pour le falut d'Argos,
& vint à bout de tuer la bête féroce.
Apollon trouva mauvais, fans doute,
qu'un héros mortel mît un terme à fa
vengeance, & il envoya une pefte cruelle
qui acheva de défoler les malheureux
Argiens. Cependant le courroux du Dieu
s'appaifa à la vue d'un temple que lui
éleva Corœbus, & il mit fin à la contagion. On voyait, au tombeau du héros,

érigé

érigé dans une place publique de Mégare, toûte cette avanture que nous avons tâché de rendre raifonnable ; elle était en vers Élégiaques, & fubfiftait encore du tems de Paufanias.

Sthénelas, la dernière des ftatues couronnées dont nous avons parlé, avait un fils, nommé Gélanor, qui devait naturellement hériter de fa couronne ; mais une révolution inattendue vint mettre fin à la maifon royale, & tranfporter fon fceptre à la dynaftie de Danaüs.

# DE DANAÜS

## ET

# DES DANAÏDES.

Danaüs était un Egyptien né à Chemnis, dans la Thébaïde (*a*) ; les Savans qui, sur un texte de Manéthon, falsifié par Josephe, l'ont cru frère de Séſoſtris, ont contredit à la fois l'histoire, la raison & la chronologie (*b*). Ce héros, opprimé par les deſpotes de Thèbes, voulut reſpirer, ſous un ciel plus heureux, l'air de la liberté ; il fit voile vers la Grèce, & aborda dans l'iſle de Rhodes, où, ac-

---

(*a*) *Hérod.* lib. 2.

(*b*) Cette queſtion ſera traitée au chapitre *des Faſtes de la Grèce.*

cueilli de fes habitans, il bâtit un temple à Minerve (a).

Le navire fur lequel Danaüs arriva en Grèce, eft célèbre dans l'antiquité; il était à cinquante rames, & on le nommait le Pentecontore (b). Il avait fûrement été conftruit par les Phéniciens, alors les facteurs de toutes les grandes puiffances du globe; car l'Egypte n'a jamais eu de marine à elle, tant qu'elle a été gouvernée par les Pharaons.

La chronique de Paros dit que le héros avait embarqué fur le Pentecontore fes cinquante filles; ce qui peut paraître étrange, mais non pas impoffible; puifque dans nos fiècles dégénérés, on voit une mère donner le jour à vingt enfans, on croira fans peine que dans un âge qui s'approche de la jeuneffe du globe, un héros, né fous le ciel brûlant de l'Egypte, a pu au fein d'un ferrail nombreux, fe

(a) *Diodor. Sicul.* lib. 5.
(b) *Chronic. Marmor.* art. 9.

voit cinquante fois pere. Cé n'eft point
à nous, race faible & dégradée, à cir-
confcrire le pouvoir de la nature, à l'époque de fon énergie & de fa fécondité.

Danaüs apprit, dans l'ifle de Rhodes, la
mort du dernier Roi d'Argos, & vint
demander fa couronne, que probablement la violence feule avait rendue héréditaire; le peuple qui femble avoir le
droit de faire fes Rois, puifqu'il a celui
de fe rendre heureux; le peuple, dis-je,
fut établi juge entre l'étranger & le fils
de fes Monarques; c'était là premiere
caufe de ce genre qui eût encore été plai-
dée en Europe; & il était aifé de preffentir que le pays qui donnait ce fpectacle au monde, deviendrait bientôt une
République.

Argos avait à fe plaindre, depuis plufieurs générations, de la race abâtardie de
fes Rois qui, confinés dans l'ombre d'un
ferrail, ne faifaient rien pour leur gloire,
ni pour le bonheur de leurs peuples. Auffi
l'éloquence perfuafive de Danaüs obtint-

elle un grand nombre de suffrages.

D'un autre côté, il paraissait infiniment dur de priver d'un trône, jusqu'alors héréditaire, un Prince né sous les yeux des électeurs, & à qui on ne pouvait reprocher encore que d'avoir eu un automate couronné pour père. Cette considération valut un parti à Gélanor, le dernier Prince de la maison royale d'Inachus.

La raison balançait, dans cette cause à jamais mémorable ; ce fut la superstition qui décida. Le jour de l'élection, on vit, sous les murs d'Argos, un loup poursuivre un troupeau, & lutter avec avantage contre le taureau qui lui servait de guide. Dès-lors on crut que le Ciel avait parlé ; Gélanor, né dans la ville, parut l'animal domestique, dont le taureau était l'emblême ; Danaüs fut le loup, & comme le loup avait été vainqueur, on adjugea la couronne à Danaüs (a).

Il me paraît démontré que le héros

_______

(a) *Pausanias*, lib. 2, cap. 19.

Egyptien, plus politique que son rival, avait gagné les Prêtres d'Apollon qui, usant du crédit que la Religion leur donnait sur un peuple neuf & sans lumières, imaginèrent ce présage, ou du moins l'expliquèrent en faveur de Danaüs. Le texte original de Pausanias ne souffre pas d'autre interprétation. *Danaüs, dit l'Historien Grec, croyant qu'Apollon s'était déclaré en sa faveur, & que c'était lui qui avait envoyé un loup si à propos sous les murs d'Argos, voulut que ce Dieu fût révéré sous le nom d'Apollon Lycius, & lui érigea à l'instant un temple, comme un témoignage de sa reconnaissance* (a).

Observons, au reste, que l'apparition d'un loup qui donne le trône d'Argos à Danaüs, n'est pas plus étrange que le hennissement d'un cheval qui procure le trône de la Perse au premier Darius. L'ambition qui, pour parvenir, fait parler les quadrupèdes, est au fond la même

______

(a) *Pausanias*, loc. citat.

que celle qui égorge les hommes pour rendre leur poftérité efclave : mais chez les peuples neufs, elle emploie de petits moyens pour faire de grandes chofes, tandis que chez les peuples dégénérés, elle fait jouer de grands refforts pour ne mener à rien.

• L'époque de cette révolution fe trouve à-peu-près fixée par la chronique de Paros : il eft dit, dans ce monument célèbre, qu'il s'eft écoulé depuis l'arrivée du navire Pentecontore à Rhodes, jufqu'à l'Archontat de Diognete, 1247 ans ( ), ou 1511 ans avant notre Ere vulgaire. Il eft probable que le héros Egyptien fit quelque féjour à Rhodes, puifqu'il eut le tems d'y perdre trois de fes filles ('). Ainfi, en fuppofant que Danaüs n'aborda à Argos que la quatrième année de fa fuite de l'Egypte, fon couronnement tombe à l'an 1508 avant notre Ere, c'eft-

----

(a) *Chronic. Marmor.* art. 9.
(b) *Diod. Sicul.* lib. 5, cap. 36.

à-dire à l'an 74 de la chronique de Paros, qui répond à la 722ᵉ de l'Ere de Callifthène.

Danaüs, qui devait à l'invasion d'un loup la couronne d'Argos, vit bien que l'apparition de quelque monftre nouveau pouvait un jour la lui ravir, il fongea donc à légitimer fes droits par une généalogie. Des adulateurs du trône prouvèrent qu'il defcendait en droite ligne d'une Io, fille d'Inachus, qui avait époufé Telcyon, Prince Egyptien ( *a* ), & les peuples crurent à cette filiation, tant que fa dynaftie fut fur le trône.

Le nouveau Monarque d'Argos, après ce trait de politique pufillanime, revenu à des principes plus fages, voulut mériter de régner fur fes peuples, en travaillant à leur bonheur. Il bâtit une citadelle dans fa capitale, il donna des loix, bonnes pour le tems, il appella les arts du fein de la Phénicie pour les faire germer dans fes

--------

( *a* ) *Apollod.* lib. 2.

Etats ; alors il fut jugé digne de donner son nom à toutes les nations du Péloponèfe.

La gloire de Danaüs ne tarda pas à s'éclipfer, par un des traits les plus abominables que la fuperftition ait fait imaginer à un defpote. Je veux parler de l'hiftoire des Danaïdes.

Nous avons vu que ce Monarque avait cinquante filles *(a)* ; le vœu des Princeffes & peut-être l'intérêt de l'Etat, affermi par tant d'alliances, demandaient qu'elles fuffent mariées. Malheureufement un Oracle vint à la traverfe : il portait que fi Danaüs fe choififfait des gendres, il périrait de la main d'un d'entr'eux. Le faible Roi eut d'abord la ftupidité de croire à l'Oracle : enfuite il crut pouvoir en détourner l'accompliffement, en multipliant les crimes. Ici naiffent une foule

_____

*(a)* Il en avait perdu trois à Rhodes, mais probablement, depuis cette époque, elles avaient été remplacées.

d'incidens merveilleux qui, à force d'affaiblir la croyance des fiècles, ont été fur le point de faire abfoudre d'un attentat prefqu'impoffible la mémoire de Danaüs.

Au moment où l'on s'y attendait le moins, on vit arriver cinquante fils d'Egyptus, frère du Monarque d'Argos, qui demandèrent la main des cinquante Danaïdes.

Danaüs, qui ne fe croyait pas affez fort pour réfifter à fes cinquante neveux, eut recours à la défenfe de la lâcheté, c'eft-à-dire au Machiavélifme : il confentit à tous les mariages, mais il arma fecrettement la main de fes filles d'un poignard, & il exigea d'elles que la nuit même des noces, chacune égorgerait fon époux.

La raifon du dix-huitième fiècle a peine à fe faire à l'idée de ces vierges timides & ingénues qui, répondant par des careffes perfides aux tranfports de leurs époux, ne fortent de l'extafe amoureufe que pour les affaffiner.

La suite du récit n'est pas moins étrange. Des cinquantes Danaïdes, il y en eut quarante-neuf qui obéiffant à leur père, enfanglantèrent le lit nuptial. Hypermnestre fut la feule à qui le cri de l'humanité fe fit entendre : touchée, dit Apollodore, de ce que Lyncée, qu'elle tenait dans fes bras, avait refpecté fa virginité expirante, elle lui révéla l'affreux complot de Danaüs, & lui facilita les moyens de fe fauver du palais, au travers des cadavres de fes frères. Cependant le Roi, inftruit de l'action d'Hypermneftre, eut l'audace de la citer au tribunal des dépofitaires des loix, comme parricide. Les Juges ne virent point l'héroïne avec les yeux de la fuperftition, & ils eurent le courage de l'abfoudre. C'eft en mémoire de ce jugement, qu'Hypermneftre érigea une ftatue à Vénus Nicéphore, ou qui donne la victoire. On la voyait encore à Argos au fiècle de Paufanias (*a*).

_______

(*a*) Lib. 2, cap. 19.

S'il était poſſible de trouver un fil dans ce labyrinthe des annales merveilleuſes d'Argos , il faudrait ſuppoſer que les neveux de Danaüs ayant conſpiré pour lui ravir ſa couronne, celui-ci révéla la trame à ſes filles, & les forçant à être complices de ſa vengeance , profita de la ſécurité de ſes gendres, la nuit de leurs noces, pour les faire périr. Cette idée eſt la ſeule qui rende vraiſemblable l'audace de Danaüs de citer Hypermneſtre à l'Aréopage d'Argos, pour n'avoir pas trempé ſa main dans le ſang de ſon époux.

Quelle que ſoit l'explication qu'on donne à la Tragédie des Danaïdes, elle ſera toujours plus vraiſemblable que celle qui fait de Lyncée, *le jour où l'année finit & ſe renouvelle*, & d'Hypermneſtre, *la nouvelle lune de l'année victorieuſe* (a), comme le prétend un Ecrivain ingénieux qui, accoutumé à remplacer le monde des anciens par celui qu'il ſe bâtit dans les

_________________________________

(a) *Monde primitif*, tome 4, pag. 279.

nuages , fubftitue fans ceffe l'allégorie aux monumens , & les énigmes de l'étymologie aux grands traits de l'hiftoire.

La voix des mœurs & de la nature, plus forte encore chez un peuple neuf que celle de vains Oracles, rendit les Danaïdes odieufes à toute la Grèce , elles ne purent trouver d'époux (*a*) ; envain le Roi d'Argos leur permit-il de donner leur main , fans diftinction de rang, à quiconque pourrait leur plaire, perfonne ne fut tenté d'unir fon fort à celui d'une furie. Danaüs fe vit réduit à propofer à fes fujets de difputer la plus belle de fes filles à la courfe ; cet expédient réuffit auprès de ceux des Argiens qui avaient moins une ame que des fens. Quelques Danaïdes fe marièrent , & les autres moururent vierges , ce qui , dans ces tems réculés, paffait pour le dernier des opprobres.

Il eft probable que les Danaïdes , dans

_________

(*a*) *Paufanias* , lib. 3 , cap. 12.

le jufte abandon où elles fe trouvaient, fongèrent à expier leur crime, en fe rendant utiles. L'hiftoire rapporte qu'elles enfeignèrent à leurs concitoyens l'ufage des puits (a). Ce trait, joint à l'idée du meurtre de leurs époux, fit imaginer aux Poètes leur fuplice bifarre, qui fut de remplir fans ceffe d'une eau fugitive des tonneaux fans fonds; genre de travail auquel Enée les trouva condamnées, dans fon voyage aux enfers.

Pour comble de fingularité, dans cette hiftoire fi peu philofophique des Danaïdes, l'Oracle qui avait fait le malheur des fils d'Egyptus, & enfuite de leurs meurtrières, n'eut point fon accompliffement. Danaüs mourut dans fon lit, après un règne d'un demi-fiècle, & Lyncée, fon gendre, dont il avait confirmé, depuis long-tems, le mariage avec Hypermneftre, fut fon paifible fucceffeur.

---

(a) Eufeb. *in Chronic.*

# HISTOIRE D'ARGOS,

*JUSQU'A SA RÉUNION AVEC LES MONARCHIES DE SPARTE ET DE MYCENES* (*a*).

Lyncée dormit sur le trône, ainsi qu'Abas son fils, qu'il avait eu d'Hypermneſtre. Le nom même du dernier ne ferait pas parvenu juſqu'à nous, s'il n'avait fait naître Acriſius & Prétus, deux jumeaux célèbres dans les annales primitives de la Grèce, & qui, dès le ſein de leur mère, commencèrent, dit-on, à ſe donner des marques de leur farouche inimitié.

---

(*a*) *Apollod.* lib. 2. *Pauſanias*, lib. 1 & 2.

A peine Abas venait-il de rendre les derniers foupirs, que fes deux fils fe difputèrent, à main armée, fa couronne; il y eut une bataille fanglante, où la victoire refta indécife; les peuples, pour prévenir les horreurs d'une guerre civile dont ils ne prévoyaient point le terme, forcèrent alors les deux rivaux à conclure un traité de partage; Acrifius eut Argos & fon territoire; pour Prétus, il fe contenta de Tyrinthe & de la côte maritime de l'Argolide.

Acrifius fut un des plus célèbres politiques de fon tems; il ajouta des inftitutions nouvelles à l'affemblée des Amphyctions, étendit les priviléges de ce tribunal qui tenait dans fes mains la deftinée de la Grèce, & mérita d'en être regardé comme le fecond fondateur (a).

___

(a): Strabon veut même qu'il l'ait inftitué; Voy. *Geographi.* lib. 9; mais il a tort: toute l'antiquité s'accorde à en faire honneur à un Roi des environs des Thermopyles, nommé Amphictyon.

La politique d'Acrifius fut moins heureufe au fein de fa famille : il avait une
fille nommée Danaë, qui devait, fuivant
un Oracle, donner le jour à un héros,
deftiné à être fon affaffin. Le Monarque,
à la faibleffe d'avoir voulu lire dans l'avenir, joignit l'idée extravagante qu'il pourrait le changer. Il enferma Danaë dans
une tour d'airain, & fe flatta de l'y voir
mourir vierge. Mais Prétus, l'or à la
main, corrompit les gardes de la prifon,
pénétra auprès de fa nièce, & la rendit
mère de Perfée.

Dès que l'aventure commença à percer
dans Argos, les complices du Roi de
Tirynthe répandirent que Jupiter, changé
en pluie d'or, était defcendu dans la tour
de Danaë pour obtenir fes faveurs, & les
peuples, qui craignaient une nouvelle
guerre civile, appuyèrent l'impofture.

Acrifius, inftruit de ce qu'il appelait
le crime de fa fille, la fit mettre à l'inftant, avec fon enfant au berceau, dans
une barque légère privée de rames & de

voiles, & les abandonna au gré des vagues. La mer respecta, dit-on, le dépôt qui lui était confié, & la nacelle vint échouer sur les côtes de Sériphe, l'une des Cyclades.

Polydecte, qui régnait dans Sériphe, devint amoureux de Danaë, & à cause d'elle, éleva Persée comme son propre fils. Ici commence l'histoire un peu suspecte de ce héros, qui a mérité, par ses travaux, de donner un rival à Hercule ; nous renvoyons à un chapitre particulier ce que nous avons à dire de sa personne, pour ne point intervertir ici l'ordre des évènemens.

Cependant Polydecte, pendant l'enfance de Persée, ne put venir à bout de séduire Danaë : sa passion s'irritant par les obstacles, il entreprit de la violer ; la fille d'Acrisius se réfugia au pied des Autels, & dans ce moment parut Persée avec Andromède, dont ses exploits lui avaient mérité la main. Le héros donna le trône de Sériphe à un homme plus digne de le porter, & fit voile avec fa mère & fa femme vers le Péloponèfe.

La renommée avait devancé le héros. Le viéil Acrifius vit bien qu'il y aurait du danger pour lui à lutter contre le vainqueur des monftres, & il fe prépara à accueillir l'héritier légitime de fa couronne.

Malheureufement pour le père de Danaë, l'Oracle, à cette époque, ne mentit pas, comme il avait fait pour le père d'Hypermneftre. Perfée, arrivé à la ville, voulut, dans des jeux publics, donner aux peuples le fpeêtacle de fon adreffe. Il lança d'un bras vigoureux un palet qui, fortant de l'enceinte de la lice, alla frapper l'infortuné Acrifius qui mourut fur-le-champ. Cet évènement tragique rendit quelque crédit aux Oracles.

Perfée devait naturellement remplacer fon grand-père fur le trône d'Argos : mais le meurtre involontaire qu'il avait commis, lui rendit cet héritage odieux : il engagea Mégapenthe, fon coufin, fils de Prétus, à venir gouverner les Argiens : pour lui, il se rendit à Tirynthe, dont il ne sortit que pour aller fonder le Royaume de Mycènes.

Mégapenthe, ainsi que son fils Anaxagore, n'ont laissé qu'un nom stérile. Ensuite on voit régner la plus grande incertitude dans les annales Argiennes, ce qui vint peut-être du démembrement de la Monarchie, dont l'histoire rapporte une origine bien étrange.

Anaxagore avait trois tantes d'un âge avancé, & sujettes aux vapeurs : la Médecine de ces tems-là, encore dans son berceau, ne pouvant rendre raison des symptômes singuliers de cette maladie, laissait croire que Junon punissait ces Princesses pour avoir méprisé sa statue : quoiqu'il en soit, on les voyait, dans leur délire, se plaindre de ce qu'elles étaient métamorphosées en génisses, & courir à cet effet les campagnes. Le Roi chargea d'offrandes tous les autels de Junon, mais toutes les ressources de la crédulité religieufe furent inutiles.

Il y avait alors à Argos un Phyficien, iffu par fa mère du fang royal, qui devina la maladie des Princeffes, & qui promit de les guérir, à condition qu'Anaxagore lui céderait une partie de fes Etats; lapropofition parut abfurde & fut rejettée.

Cependant le mal accrut de violence, & devint même épidémique; le Roi qui ne voyait plus autour de lui que des géniffes & des taureaux, confentit enfin à la demande du Phyficien : mais Mélampe ( c'eft le nom de l'Empyrique ) fe croyant néceffaire , exigea alors que le Royaume fût partagé en trois , & que la dernière portion fervit à Bias fon frère d'apanage. Anaxagore qui craignait qu'on ne finît par le dépouiller en entier de fes Etats, accorda tout. Mélampe guérit les Princeffes avec de l'hellébore ; & de ce moment il y eut trois Souverains dans l'Argolide, fans compter les petits Vice-Rois de Trezene, d'Epidaure & d'Hermione.

Bias eut cinq succeffeurs qui régnèrent l'efpace de quatre générations; l'un d'eux eft cet Adrafte que nous avons vu commander un moment dans Sicyone. On donne le nom de Cyaxippe au dernier Prince de cette dynaftie.

La poftérité de Mélampe occupa le trône fix générations. Le dernier fucceffeur de ce Phyficien couronné, fut un Amphiloque, fils d'Amphiaraüs.

La branche aînée de la maifon royale d'Argos, fe maintint encore plus long-tems. Alector, Iphis & Sthénélus, fuccédèrent tour-à-tour à Anaxagore, & moururent tous trois fur le trône, dans une heureufe vieilleffe.

Cyllarabis, fils de Shénélus, par la mort du dernier defcendant de Bias, & la retraite d'Amphiloque qui alla régner dans l'Acarnanie, réunit enfin fur fa tête les trois couronnes.

C'eft fous le règne de ce Prince, qu'Orefte, fils d'Agamemnon, vint donner des loix à la Grèce, & ne fit d'Argos,

de Sparte & de Mycènes, qu'une seule
Monarchie. Nous verrons dans la suite
de cet ouvrage, l'histoire de cette révolution, ainsi que celle de la conquête
des Héraclides, qui enlevèrent à Tifamè-
ne, fils d'Oreste, le sceptre d'une partie
du Péloponèse.

*Fin du Tome I de l'Histoire de la Grèce.*

# TABLE

## DES CHAPITRES.

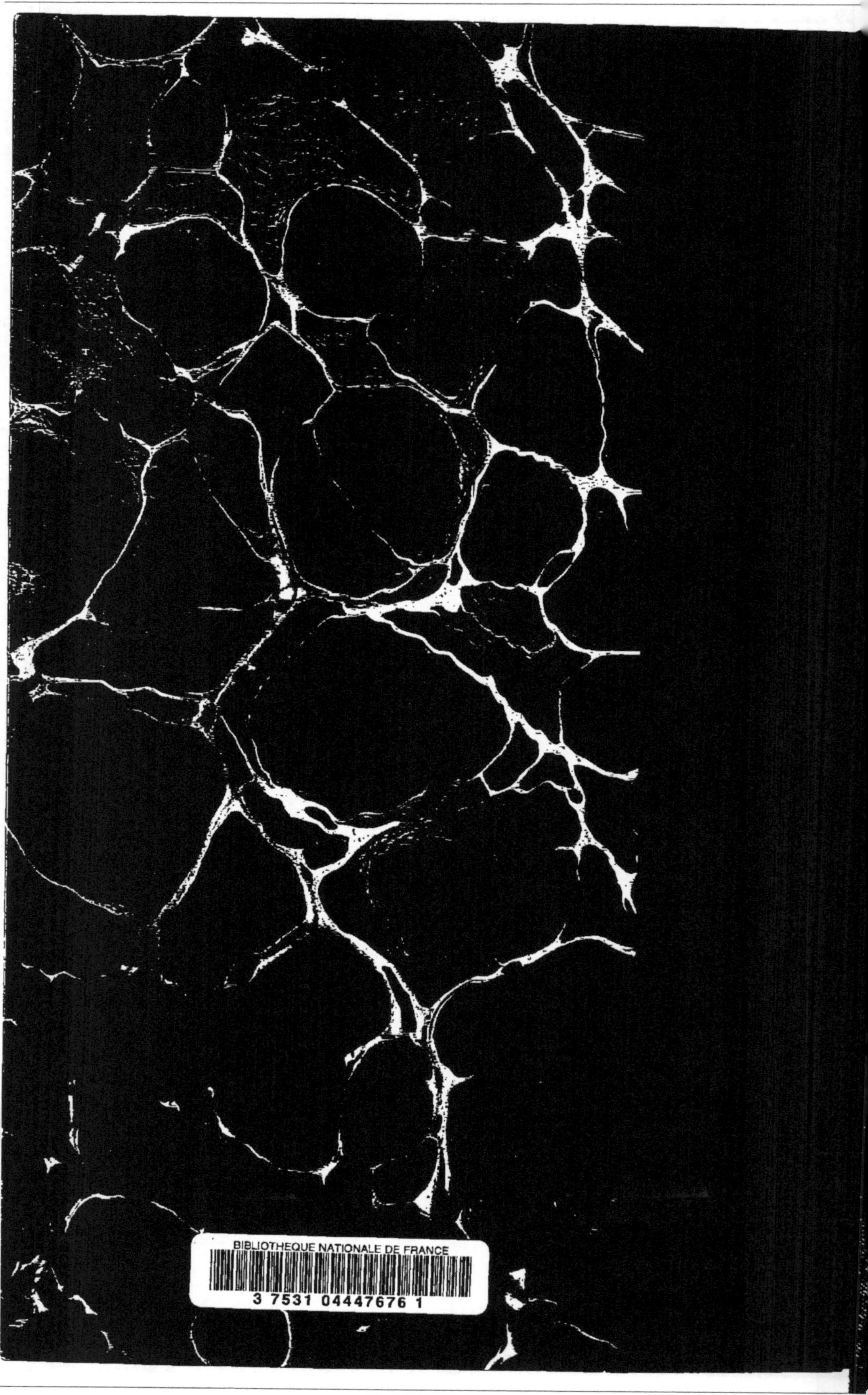

9 782013 621427